em memória
Celso Daniel

HENRIQUE RATTNER

O Resgate da
Utopia

cultura, política e sociedade

Editora Palas Athena

Título original: *O resgate da utopia - cultura, política e sociedade*
Copyright © Henrique Rattner, São Paulo, 2005

Coordenação editorial	*Emilio Moufarrige*
Organização e produção editorial	*Cristina Zauhy*
Revisão de provas	*Adir de Lima*
Diagramação	*Maria do Carmo de Oliveira*
Capa	*Eder Cardoso da Silva*
Impressão e acabamento	*Gráfica Palas Athena*

**Dados Internacionais de Catalogação na Publicação (CIP) Internacional
(Câmara Brasileira do Livro, SP, Brasil)**

Rattner, Henrique
    O Resgate da utopia : cultura, política e sociedade / Henrique Rattner. -- São Paulo : Palas Athena, 2005.

248 págs. 14 x 21 cm
ISBN 85-7242-057-6

1. Cultura 2. Ensaios brasileiros 3. Política 4. Sociedade I. Título

05-5508   CDD- 300

Índices para catálogo sistemático:
1. Ensaios : Cultura, política e sociedade : Ciências sociais   300

Todos os direitos reservados e protegidos
pela Lei 9610 de 19 de fevereiro de 1998.
É proibida a reprodução total ou parcial, por quaisquer meios,
sem a autorização prévia, por escrito, da Editora.

Direitos adquiridos para a língua portuguesa por
EDITORA PALAS ATHENA
Rua Serra de Paracaina, 240 - Cambuci
01522-020 - São Paulo - SP - Brasil
fone: (11) 3209.6288 - fax: (11) 3277.8137
www.palasathena.org   editora@palasathena.org

Apoio Institucional
IPT   abdL
Instituto de Pesquisas Tecnológicas

2005

SUMÁRIO

Prefácio	7
Introdução	11
O mal-estar do milênio	27
Por uma nova ordem mundial	36
Cenários para os desafios do século XXI	43
Meio ambiente e desenvolvimento sustentável	47
Perscrutando o horizonte de 2004	59
Desenvolvimento sustentável nas regiões semi-áridas	65
Revisitando o "milagre" japonês	70
Cultura, personalidade e identidade	82
Mercocidades, meio ambiente e políticas públicas	97
Sustentabilidade – uma visão humanista	119
Desenvolvimento: lições do "curto século" XX	131
Desenvolvimento: o novo paradigma	136
Por um desenvolvimento alternativo	141
Outra política econômica (ainda?) é possível	146
Crescimento ou desenvolvimento	152
Sustentabilidade – um ensaio de prospectiva	156
A charada – é possível romper o círculo vicioso?	161
Sobre a guerra pela "liberdade infinita"	167
A luta pelos Direitos Humanos	172
Ética e Sustentabilidade	176
O fim do Socialismo?	185
Prioridade – construir o Capital Social	201
Educação para a Democracia	210
Trabalho e Democracia	215

Sobre Ética em tempos de barbárie   224
Tecnologia e Sociedade   227
Por uma sociedade solidária ou os limites
   da competitividade   232
Economia solidária. Por quê?   236
O duro caminho das pedras   240

Prefácio

Como induzir, conduzir e manter aceso um processo de mudança social que beneficie os cronicamente mais pobres e excluídos de nossa sociedade?

Nestes tempos em que a política é subordinada à liberalização, desregulamentação e privatização de empresas estatais, sob a pressão e tutela do capital transnacional; reformas estruturais parecem cada vez mais distantes. Como romper a dependência do capital financeiro internacional sem infringir as normas da democracia formal representativa e sem revogar os contratos "sagrados" e escorchantes com as concessionárias e os bancos?

O desmoronamento da ex-União Soviética – pátria do socialismo "real" – parecia ter apagado as esperanças no advento de uma nova ordem econômica e política, capaz de superar a irracionalidade do sistema capitalista, com seu imediatismo na busca desenfreada de lucros ilimitados. A estabilidade monetária fictícia, mesmo quando acompanhada por políticas sociais compensatórias, tende a desestruturar a sociedade em nome de uma inserção competitiva no futuro, sacrificando o presente.

O anonimato da dominação exercida por redes e grupos financeiros impessoais, sem qualquer responsabilidade social, torna as condições de sobrevivência da maioria da população cada vez mais precárias enquanto potencializam os ganhos fabulosos de uma minoria ínfima de pessoas mergulhadas no consumo de luxo e de desperdício. A disparidade crescente entre ricos e pobres, poderosos e oprimidos, informados e ignorantes constitui-se em maior obstáculo ao aprofundamento de um regime democrático em que a população se torna sujeito de sua História e construtora de seu ambiente social, econômico, cultural e político.

O fracasso do regime burocrático-policial no leste europeu foi acompanhado pela revelação da mistificação ideológica do paradigma desenvolvimentista, ancorado no crescimento econômico capitalista. A tese de "primeiro fazermos o bolo crescer para depois distribuir" se mostrou inviável à luz da dinâmica irresistível da acumulação e concentração do capital.

Em vez de metas de bem-estar social (saúde, educação, participação cultural) as cotações da bolsa de valores e as taxas de juros tornaram-se indicadores de um progresso ilusório.

Em vez do caos do mercado supostamente capaz de impelir o crescimento econômico sustentado, propõe-se um planejamento racional do que produzir, onde e para quem, baseado no uso responsável de recursos naturais e materiais e evitando desperdícios gritantes tão característicos de nossa civilização. A alternativa conotada como sustentável preconiza um processo de desenvolvimento pelo qual a sociedade administra as condições materiais de sua reprodução, seguindo princípios éticos e de justiça social na alocação e distribuição do produto social e coletivo.

Resistindo aos centros hegemônicos e à sua visão linear, e construindo horizontes e trajetórias próprias, os atores sociais resignificam o sentido do desenvolvimento por meio de múltiplas formas e experiências sociais e culturais na organização comunitária e sua territorialização no espaço geofísico e ecológico.

Os grupos sociais continuarão a disputar o acesso aos recursos naturais escassos mediante diferentes programas e projetos ancorados nos significados simbólicos relativos às práticas culturais tradicionais. Mas em vez de impor a homogeneização de padrões de consumo e de lazer pelo mercado dominado por oligopólios, o desenvolvimento sustentável será democrático e pluralista respeitando a biodiversidade e a diversidade cultural – patrimônio precioso e insubstituível da humanidade.

Este projeto de reconstrução democrática social, econômica, política e ambiental exigirá a mobilização de todos os conhecimentos de C&T, liberados de uma suposta neutralidade ética em face das desigualdades gritantes e da devastação irresponsável do meio ambiente.

Uma nova aliança constituída de movimentos sociais, associações comunitárias e organizações não-governamentais irá construir um novo modelo de desenvolvimento, de transformação social, de cooperação interdisciplinar e de participação solidária na gestão política, imprimindo novos rumos e sentido à sua História.

Essa utopia não é um tempo *a priori* da evolução social e histórica. Seus protagonistas não pretendem a descoberta de novos tempos, mas nos apresentam uma proposta criativa de um devir humano desejável e realizável por ações coletivas.

É muito grande o número de pessoas às quais me sinto agradecido pelo interesse demonstrado e a participação nos debates, seguidos das palestras e conferências por mim proferidas.

A melhor forma de expressar meus sentimentos a respeito, encontrei no livro de Pirkei Avot – A sabedoria dos Mestres... "*Muito aprendi com meus mestres; mais ainda, com meus pares e, acima de tudo, com meus estudantes*". Foram eles que, nos diversos cursos de graduação, pós-graduação, especialização e de MBA, na USP, FGV e UNICAMP, além dos *fellows* dos programas LEAD, ProLides e ProNord, espalhados por todos os rincões do Brasil e da América Latina, me obrigaram constantemente a precisar os conceitos e reexaminar as inferências, deduções e conclusões.

Por se tratar de palestras e aulas proferidas ao longo de quase três anos, foi inevitável a repetição de certos argumentos ou idéias, pela qual se solicita a compreensão dos leitores.

Mais do que transmissão de informações e de conhecimentos, as palestras e os textos decorrentes visaram estimular a reflexão crítica e a formação de uma visão de mundo, de acordo com princípios éticos e humanistas, sem os quais não haverá sobrevivência da humanidade.

Uma palavra especial de carinho e reconhecimento nesta longa jornada cabe à Luzinete Nunes, pela assistência técnica na primeira metade do manuscrito; à Tânia Pérez, que digitou os textos da segunda parte e ao Fábio Rodrigues, que fez a revisão ortográfica e gramatical dos textos, antes de lançá-los na rede virtual pela Revista Espaço Acadêmico e o portal da ABDL – Associação Brasileira para o Desenvolvimento de Lideranças. Por fim, meus sinceros agradecimentos ao Dr. Humberto Mariotti, que gentilmente fez a editoração final do livro.

Introdução

> *No fundo de cada utopia, não há somente um sonho; há também um protesto.*
>
> Oswald de Andrade – *A marcha das utopias*

NO MUNDO DAS INCERTEZAS

As incertezas e a perplexidade que afligem a maioria da população acuada pelos problemas de sobrevivência e a urgência com que exigem respostas aos desafios existenciais constituem um estímulo para pensar criticamente nossa realidade controvertida e contraditória. Para alguns seria o fim da História, enquanto para outros é o início de uma nova fase na evolução da humanidade.

Incertezas, instabilidade e contradições aparentemente insolúveis levam os indivíduos a perder a confiança em si, nos outros e no governo da sociedade. "Tudo que é sólido, se desmancha no ar" já dizia Marx, há 150 anos. O desmanche continua desde então, em ritmo e intensidade acelerados, devido à competição selvagem, ao individualismo irracional da acumulação capitalista e ao darwinismo social praticado pelas elites dominantes, configurando uma situação de caos.

Onde encontrar as respostas às dúvidas existenciais, às interrogações cruciais de cada indivíduo pensante – quem somos? De onde viemos? E, aonde vamos?

Sartre disse que os seres humanos nascem para ser livres.

Mas liberdade implica também responsabilidade. Somos responsáveis pelo que fazemos ou deixamos de fazer. Agindo e pensando sobre nossa realidade, transformamos essa realidade e a nós mesmos, encontrando sentido para nossas vidas.

Sem uma orientação que guie nossas ações, a vida no mundo de incertezas torna-se um pesadelo, cheio de paradoxos e violência, sobretudo para a juventude angustiada e aparentemente incapaz de decifrar enigmas para os quais nem a ciência nem a religião oferecem respostas satisfatórias.

A vida nos ensina que elaboramos nossos valores e, com base nestes, em convívio e cooperação com os outros, encontramos os diferentes sentidos da vida. Não há satisfação maior para o indivíduo do que quando ele se sente aceito, valorizado e parte de um todo maior.

As premissas do discurso

A premissa central de nosso discurso postula, contra qualquer determinismo, que toda a realidade é uma construção social e, como tal, pode ser desconstruída e reconstruída.

Postulamos que o sentido de nossa vida seja o produto do pensamento e da ação, e inferimos que toda nossa realidade é uma construção social. Como corolário, podemos afirmar que os seres humanos fazem sua História, embora não a façam com todos os graus de liberdade.

Herdamos das gerações que nos antecederam determinadas estruturas e posições condicionantes, que limitam nossas opções. Por isso, o conhecimento da História que não segue um curso linear e previsível, como pretende o pensamento positivista, é fundamental para a ação libertadora, capaz de ampliar os nossos graus de liberdade.

São também as diferentes visões e interpretações do que acontece na História (vide Gordon Child, *What happened in history*) que nos permitem contestar os determinismos –

econômico, ecológico, demográfico ou cultural – freqüentemente invocados para justificar a acomodação ao *status quo*. A valorização do ser humano como ator social, capaz de construir seu destino como sujeito do processo histórico, permite-nos rechaçar as visões fatalistas ou maniqueístas da História.

Em vez de análises e interpretações cartesianas dos fenômenos políticos e culturais, adotamos a metodologia sistêmica e interdisciplinar. Sem minimizar a especificidade de cada caso, procuramos entendê-lo em sua inserção e conexão com seu contexto.

"O todo é diferente da soma das partes". Portanto, a realidade não pode ser explicada a partir da simples soma de fatos e processos individualizados. Voltando às incertezas que dominam o cenário do mundo atual, em todas as esferas do conhecimento científico, nas políticas econômicas e sociais e às possíveis e prováveis ações bélicas e suas conseqüências, nossas análises e eventuais propostas se basearão mais em probabilidades do que nas certezas que caracterizam o pensamento autoritário e linear.

Esta postura tem profundas implicações para o sistema de valores e as relações de meios e fins. O senso comum postula que os fins justifiquem os meios, mas não esclarece sobre a legitimidade dos fins. Os impactos dramáticos do desenvolvimento desigual, aumentando o fosso entre ricos e pobres, ajudaram a lançar a reivindicação central de nosso tempo – direitos humanos –, não como uma visão utópica ou idealista, mas como condição básica para a sobrevivência da sociedade e a sustentabilidade de suas instituições.

Esse é o cerne de uma ética universal que transcende todos os outros sistemas de crenças e valores, como síntese da consciência humana, ciente da preciosidade de todas as formas de vida e da necessidade de cooperação, solidariedade e interdependência.

Essa ética é fundamentada em valores de alcance universal – a conquista do bem-estar e da felicidade, por meio da liberdade (no sentido pregado por Amartya Sen). Ela se refere a um devir, uma visão do futuro da humanidade que tem inspirado os pensadores libertários, desde Thomas More, aos socialistas utópicos – Fourier, Saint-Simon e R. Owen –, até aos defensores do socialismo científico, baseado no materialismo dialético.

O desmoronamento da URSS teria eliminado a utopia do pensamento e das aspirações contemporâneas? Vivemos uma época de conflitos políticos e militares, de dimensões e conseqüências imprevisíveis, inclusive com a ameaça concreta de perda das conquistas dos últimos três séculos, da democracia e dos direitos humanos, o que significa um retrocesso à barbárie.

Mesmo se for esse o desfecho, totalmente irracional e contrário à ética, não devemos nem podemos desarmar-nos em tempos de trevas. A evolução da humanidade segue caminhos tortuosos e contraditórios. Após três séculos de idéias iluministas e lutas pela liberdade, democracia e direitos humanos, a desigualdade e as injustiças precisam ser denunciadas e combatidas, porque sozinho o mundo não vai melhorar.

Moral e ética – História e utopia

Segundo os dicionários de filosofia, ética é a ciência que tem como objeto os juízos de valor que distinguem entre o bem e o mal. Historicamente, moral e ética são tratados como sinônimos, mas na filosofia alemã, desde Kant, no século do Iluminismo, a ética é considerada superior à moral. A moral é historicamente datada, e suas normas e sanções mudam de acordo com a evolução e as transformações da sociedade, sempre refletindo a visão do mundo e os interesses das elites.

Eloqüentes a respeito são as manifestações dos escravocratas, capitalistas e tecnocratas cujo discurso e prática, supostamente racionais e ideologicamente neutros, justificariam a pobreza e a desigualdade. Teorias "científicas", quando não doutrinas religiosas, são invocadas ("a seleção natural dos mais aptos", ou "as leis do mercado") para determinar o código de conduta moral dos indivíduos e as sanções positivas ou negativas pertinentes ao seu cumprimento ou transgressões.

A ética postula um código de conduta para o grupo ou para a comunidade de indivíduos que exige um comportamento baseado em valores. Para Hegel, a moral seria o domínio de intenções subjetivas, enquanto a ética seria o reino da moralidade absoluta. A moral de uma sociedade procura assegurar sua coesão e solidariedade (mecânica, segundo E. Durkheim), amparadas por um conjunto de sanções e a força de coerção do Estado.

A ética está fundamentada em valores de alcance universal – a conquista da felicidade e do bem-estar por meio da liberdade. Suas manifestações concretas são a cooperação e a solidariedade (orgânica, sempre segundo Durkheim), numa organização social pluralista e de democracia participativa. A ética se refere a um devir, uma visão do futuro da humanidade que se pretende realizável. É o projeto do futuro – a utopia – que tem inspirado os pensadores libertários em todas as épocas.

Por todos os rincões do planeta, verificamos a reafirmação da utopia, do pluralismo universal e democrático. Quem são seus porta-vozes? Não são os heróis individuais (os líderes), nem a classe messiânica (o proletariado), mas todos os indivíduos que pretendam agir como sujeitos do processo histórico, criando comunidades de cidadãos ativos, fontes de liberdade que transformem a História. São esses sujeitos coletivos que aceitam e praticam o pluralismo democrático como uma boa forma de vida, em oposição a outras formas, atuais e passadas.

Portanto, a utopia não é um tempo *a priori* da evolução ou da História. Seus protagonistas não pretendem a descoberta de novos tempos, mas nos apresentam uma simples proposta criativa de um devir humano desejável e realizável pela ação coletiva.

Ela não é ficção, romance ou aventura individual, mas uma visão do futuro construída por meio de um discurso em que se confrontam os valores por seus impactos reais e prováveis na existência humana.

Surge como uma recriação de valores cultuados em todos os tempos que se combinam com as novas criações, levando a uma síntese imaginária, com contribuições da filosofia, dos cientistas sociais, da ética e da política, à luz de experiências e práticas acumuladas.

A ética seria, então, a disciplina e a prática da virtude, do domínio da racionalidade substantiva (Max Weber), cujo fim é a felicidade e o bem-estar, a integração entre os seres humanos, a natureza e o cosmo.

Segundo os filósofos da Antiguidade, a utopia ética seria alcançada pelo comportamento virtuoso, em conformidade com a natureza dos atores sociais e dos fins buscados por eles. Postularam que o ser humano seria por natureza um ser racional e, portanto, a virtude ou o comportamento ético seria aquele no qual a razão comande as paixões.

Cada ser humano, sob a inspiração da razão, realizará a boa finalidade ética determinada por seu lugar na ordem do mundo social, político e natural. Essas virtudes seriam potencialidades da natureza humana, desde que a razão comande as paixões e oriente a vontade, pois só o ignorante é passional e vicioso.

A INSUSTENTABILIDADE DO MUNDO ATUAL

Em retrospectiva histórica, a sociedade parece afastar-se cada vez mais da racionalidade e da virtude do comportamento ético. Tanto a burguesia quanto o proletariado, ao conquistarem o poder, aderiram ao *ethos* e adotaram os objetivos do progresso, via acumulação material e crescimento econômico, ambos insustentáveis.

INTRODUÇÃO

Na sociedade capitalista, o crescimento econômico tornou-se estéril por não gerar mais empregos, ao menos para compensar a eliminação de postos de trabalho em conseqüência de inovações tecnológicas e da redução dos investimentos. O sistema é implacável em sua dinâmica: os ganhos são apropriados pelos ricos e poderosos, enquanto para os pobres, na melhor das hipóteses, são proporcionados os benefícios filantrópicos paternalistas.

Devido a concentração do capital e do poder, as relações sociais continuam sendo autoritárias, impedindo voz e vez às populações carentes. Em muitos lugares, ocorre um retrocesso em termos de direitos de cidadania e de extensão dos direitos humanos a todos. Os efeitos sociais e culturais do sistema são desestruturadores: a corrida por acumulação e competitividade sufoca os valores de cooperação e solidariedade e reprime as manifestações de identidade cultural.

Finalmente, o sistema é autodestrutivo em sua dinâmica: seu avanço está baseado na depredação do meio ambiente, o que mina a própria existência e sobrevivência da população, ignorando ou desprezando os direitos das gerações futuras. A legislação ambiental surge como defesa tardia e incompleta diante do volume e da gravidade dos danos que ameaçam a segurança e a sustentabilidade ecológica do planeta e de seus habitantes.

Percebe-se, portanto, o esgotamento do paradigma de desenvolvimento capitalista, cuja natureza centralizadora e autoritária inviabiliza a evolução pacífica para um convívio democrático e solidário. Por isso, negamos a legitimidade de objetivos e prioridades economicistas, impostos pela lógica e a moral da globalização econômico-financeira. Propomos a construção de uma perspectiva social, democrática e sustentável que promova a liberdade e a dignidade humana. Enfim, um projeto do futuro, a utopia de transformação ética e cultural da humanidade.

A UTOPIA EM MARCHA

O cenário emergente no final do século vinte criou desafios econômicos, sociais e políticos para os quais a social-democracia, mesmo travestida de Terceira Via, não estava preparada para responder. Com a recessão profunda que se abateu sobre a economia norte-americana, cujos efeitos se propagaram em círculos concêntricos ao sistema mundial, inúmeros países "emergentes" praticamente afundaram em dívidas e contradições sociais internas.

O colapso da Argentina, em 2001, assinalou que o sistema financeiro internacional estava nos limites de poder "salvar" economias falidas, endividadas e corruptas (México, Tailândia, Indonésia, Rússia, Brasil, Turquia, Equador, Filipinas e outras). Porém, ao caos econômico segue-se inevitavelmente o social e político, tese profusamente demonstrada pelas manifestações de massa de revoltados cidadãos empobrecidos e marginalizados.

Do outro lado da "cortina de ferro", a derrocada do sistema stalinista na ex-URSS e nos países satélites resultou de imediato numa deterioração violenta das condições de vida da maioria das populações, repentinamente expostas às turbulências do mercado, sem a proteção (educação, saúde, habitação, emprego) do Estado.

Na década dos noventa, quarenta países eram dirigidos por governos sociais-democratas ou por alianças dominadas pela "esquerda". Entretanto, revelaram se impotentes para induzir mudanças sociais e econômicas, diante da pressão avassaladora da globalização econômica e militar, e devido aos compromissos assumidos com os representantes do capital nacional e internacional.

As lideranças políticas dos partidos sociais-democratas, inclusive o PSDB no Brasil, ficaram presas na armadilha que elas próprias construíram. Tendo pregado e defendido durante anos que não haveria futuro fora do sistema neoliberal, assumiram

INTRODUÇÃO

plenamente a responsabilidade pelas políticas econômicas, financeiras e trabalhistas decorrentes.

Assim, contribuíram para o agravamento da marginalização e exclusão de milhões de pessoas vítimas do aumento da "dívida social", enquanto nas questões de política externa aderiram à doutrina da globalização "inevitável", aliando-se incondicionalmente à superpotência hegemônica.

Não advogamos contra a integração regional e internacional, mas rejeitamos sua imposição vinda "de cima", que tende a agravar a assimetria social e a divisão da humanidade em uma minoria rica e poderosa e a massa de desprivilegiados e excluídos. Não pregamos contra a integração e a aproximação dos povos, mas elas devem processar-se democraticamente, de modo gradual e seletivo.

A distinção entre a globalização e a universalização não é apenas conceitual. A investida da primeira contra as barreiras ao livre comércio é brutal, sob o comando das corporações transnacionais. A universalização, impulsionada pelas ONGs, movimentos sociais e alguns sindicatos e partidos, promove uma integração dos povos, de suas economias e culturas, de maneira lenta, gradual e seletiva.

Os agentes da globalização, em sua busca de maximização de retorno sobre os investimentos, pressionam por escalas de produção e o nivelamento dos padrões de consumo, enquanto os atores da universalização defendem o pluralismo e a diversidade de estilos de vida.

A globalização adota padrões de organização rígidos, tanto no setor privado quanto no público, centralização autoritária, em oposição aos princípios de democracia participativa, transparência e responsabilidade cidadã da universalização. Na primeira, os seres humanos estão sendo alienados e transformados em meros objetos de decisões tomadas segundo a racionalidade funcional de "meio-fim", enquanto na segunda, cada um se torna sujeito ativo e autônomo do processo,

19

orientado por valores substantivos ancorados na Carta dos Direitos Humanos.

Os agentes da globalização são dominados pelo frio cálculo econômico, insensíveis aos efeitos desastrosos no tecido social. A universalização enfatiza os aspectos éticos do comportamento individual e coletivo e não gera desempregados, desabrigados, famintos, doentes, enfim, excluídos.

Em suma, a globalização configura um processo de integração "por cima", na contramão da História, enquanto a universalização, "de baixo para cima", acena com um futuro mais digno, justo e seguro para a humanidade.

A utopia socialista no século XXI

O fim do século XX viu ruir as utopias revolucionárias e, ao mesmo tempo, o fracasso da ideologia desenvolvimentista. A maioria da população mundial, vivendo nos países do Terceiro Mundo, passou pela amarga experiência de rejeição e desencanto das promessas da ideologia dominante secularizada.

Perdeu suas frágeis esperanças e, com elas, a visão de um futuro mais justo e uma vida mais digna. A brutalidade das políticas reais do sistema capitalista, desprezando e reduzindo os valores humanistas a conceitos de mercado e de transações comerciais, acabou provocando reações de indignação e revolta, em busca da utopia perdida.

A promessa de uma era de progresso e justiça para todos, lançada com o advento da Revolução Francesa, em 1789, e, novamente, após a Segunda Guerra Mundial, foi desmentida por um processo de desenvolvimento desigual, que deixou o mundo das ex-colônias cada vez mais para trás.

Os impactos da modernidade nas sociedades tradicionais causaram a ruptura de seu tecido social, e a conseqüente perda de identidade e das raízes culturais de suas populações, além da desorganização do sistema econômico. A destruição e o caos, causados pelo avanço impetuoso da chamada modernidade, criaram um ambiente fértil para o renascimento do fanatismo fundamentalista, da xenofobia e intolerância e da propensão à "guerra santa" contra os "infiéis".

É verdade que a crise de identidade é geral em todas as sociedades, à medida que a exclusão, a insegurança e a incerteza quanto ao futuro se tornam o destino comum da maioria da humanidade. As experiências fracassadas da ex-URSS, e também da social-democracia, inclusive da natimorta Terceira Via, longe de assinalar o fim do socialismo, encerram lições valiosas para os movimentos sociais emancipatórios do século XXI.

O Estado de bem-estar foi capaz de reduzir transitoriamente o desemprego e diminuir a pobreza nos países mais desenvolvidos. Politicamente, porém, levou à cooptação das elites dos trabalhadores e sua adesão ao discurso e às práticas de flexibilização das relações de trabalho, com a conseqüente polarização da sociedade e a marginalização dos mais pobres. Uma sociedade dividida em classes não pode construir um sistema socialista democrático e justo, seja por mando de um Estado autoritário, seja pelo mecanismo da "mão invisível" do mercado.

As políticas neoliberais, e suas desastrosas conseqüências em termos de deterioração da qualidade de vida dos trabalhadores e da maioria da população, estão na raiz do distanciamento das massas de seus partidos tradicionais e dos governos com os quais estes colaboram.

Para os grupos mais politizados, os partidos social-democratas e socialistas perderam o poder de mobilização, pela incapacidade de evocar uma visão alternativa da sociedade. Outra parte das vozes e votos discordantes foi para a direita (vide o avanço de Le Pen, J. Haider e outros) que, pregando também contra a globalização, colheu os votos dos pobres marginalizados, da baixa classe média e dos desempregados que se sentiram abandonados pelos partidos de esquerda tradicionais.

Tanto os sociais-democratas reformistas quanto os revolucionários replicaram em suas organizações e nas práticas políticas os padrões de conduta e de liderança autoritários, baseados em raciocínios cartesianos, lineares, com suas interpretações deterministas da História. Uma proposta alternativa abrangeria, inevitavelmente, desde uma visão de mundo diferente ("o mundo não é uma mercadoria"...) até novas formas de organização e mobilização social.

A nova visão, ao rejeitar a globalização imposta "de cima para baixo", propõe a integração a ser realizada pelas populações, "de baixo para cima". Em vez de um punhado de executivos, empresários, tecnocratas e seus intelectuais orgânicos, seriam as organizações populares e democráticas, baseadas na participação e no engajamento de todos, que conduzirão o processo de transformação social, econômica e política. Essa empreitada e as tarefas dela decorrentes não podem ser atribuição de uma minoria "iluminada".

A nacionalização, o planejamento econômico impositivo e mesmo a socialização dos meios de produção pelo Estado não garantem a socialização do poder político. O Estado (na concepção leninista) continua a representar um mecanismo arbitrário de autoridade pública isolada da sociedade civil, a qual procura construir o espaço de liberdade em oposição ao aparelho estatal.

Este, embora possa superar a anarquia da concorrência selvagem, não é capaz de atender aos requisitos básicos de uma sociedade democrática – a liberdade e os direitos individuais, a autonomia e a iniciativa criativa.

O aparente impasse encontra respostas na prática política das sociedades modernas, que evoluem de regimes de democracia formal representativa para a democracia participativa. A inadequação das primeiras fica cada vez mais patente, seja pelo nepotismo que cria verdadeiras dinastias, particularmente nas regiões mais atrasadas, seja pelo poder de manipulação e do *marketing* político da mídia, sem falar do peso das grandes organizações industriais e financeiras, cujo poder financeiro constitui-se em fator decisivo em todas as eleições.

São essas entidades que se tornam os maiores obstáculos à democratização da sociedade, em nome de supostos princípios racionais necessários ao funcionamento de organizações e sociedades complexas.

Reduzindo a participação da sociedade civil a um voto periódico, certamente mais eficaz do que a coerção autoritária, despolitizam-se os conflitos, alegando a busca de um consenso (manipulado).

Aos céticos e cínicos que desdenhem de uma análise crítica do contexto histórico, sob a alegação da inviabilidade ou inutilidade de "utopias", deve-se lembrar o que seria o mundo se não houvesse, em todas as gerações, indivíduos capazes e corajosos de pensar as alternativas, posteriormente transformadas em realidade.

Trezentos anos atrás, o mundo "civilizado" foi governado por um punhado de monarcas absolutistas (*l' État c'est moi*) e suas cortes corruptas e parasitas. Afinal, a História do capitalismo data de alguns séculos apenas, durante os quais foram travadas inúmeras guerras, com dezenas de milhões de pessoas exterminadas e inestimáveis recursos naturais devastados. Impelido por uma dinâmica de concentração e polarização em todas as esferas da vida social, o sistema não parece dispor de saídas para romper o círculo vicioso.

Contudo, diferentemente do embate entre capital e trabalho nos séculos XIX e XX, que polarizou os conflitos sociais e políticos, o socialismo em nosso século será construído pelas alianças e redes entre movimentos e organizações sociais, nos planos local, nacional e internacional.

Suas lutas transcendem as questões salariais, para enfrentar os problemas da exclusão social, o desemprego, a destruição de pequenas empresas, a precarização das relações de trabalho, a biodiversidade e a devastação ambiental, as reformas agrária e urbana e, sobretudo, a defesa intransigente dos Direitos Humanos em todas suas dimensões.

Para corresponder ao anseio generalizado por uma cidadania plena, de direitos e responsabilidades, a utopia socialista do século XXI será democrática, aberta à participação de todos e visceralmente comprometida com a liberdade individual e a justiça social. Continuamos, portanto, a afirmar: um outro mundo é possível.

A LENDA DA SARÇA ARDENTE[1]

Então, multiplicaram-se as vozes daqueles que diziam que os dias de trevas já duraram bastante, que se havia esperado demais para que a promessa da felicidade se tornasse realidade e o anúncio da luz – verdade.

E, eles diziam: ... "Vamos, construiremos nossas casas ao redor da sarça que arde desde a eternidade. Os dias de trevas terminarão, pois a sarça continuará em chamas e nunca será reduzida a cinzas."

Assim falaram os mais corajosos entre eles; aqueles nos quais o futuro vivia como a criança ainda não nascida vive no seio de sua mãe; aqueles que não perguntam ao oráculo "o que vamos fazer?"

Encontraram obstáculos e hostilidade em todos os lugares. Entretanto, foram muitos os que seguiram na escalada íngreme, rochosa, que conduziu à sarça ardente. E instalaram-se perto dela para viver no seu calor e sua luz.

Ora, aconteceu que seus ramos carbonizaram e caíram. As próprias raízes queimaram e viraram cinzas. De novo, as trevas expandiram-se e fazia frio.

---

1. Prólogo do livro "E a sarça virou cinzas" de Manes Sperber, Éditions Calman-Levy, Paris, 1949, traduzido do francês por Henrique Rattner.

INTRODUÇÃO

E vozes se levantaram e disseram: "Vejam como nossa esperança foi enganada. Não haverá culpa? Procuremos a quem ela cabe"!

Então, os novos senhores mandaram matar a todos que assim falaram e declararam: "Quem se levantar para afirmar que a sarça queimou, sofrerá uma morte ignominiosa. Somente o inimigo não enxerga a luminosidade da sarça, somente o inimigo sente frio em vez de seu calor".

Foi o que os novos senhores proclamaram, em pé sobre as cinzas e envolvidos por uma grande claridade espalhada pelas tochas nas mãos dos novos escravos.

Mesmo assim, alguns ainda se levantaram, e o futuro vivia neles como a criança que ainda não nasceu vive no seio de sua mãe e disseram: "A sarça se apagou porque de novo existem entre nós senhores e escravos, mesmo que nós os chamemos por outros nomes. Porque existe entre nós a mentira, a baixeza, a humilhação e a sede de poder. Venham, vamos procurar alhures e recomeçar pelo começo".

Entretanto, os novos senhores mandaram que os escravos cantassem, em todos os lugares e em todas as horas, em louvor da sarça ardente. Assim, ouviu-se seu salmodiar nas trevas: "Para nós, a luz brilha mais do que nunca". Eles tremeram de frio, mas seu canto ressoava... "O fogo eterno da sarça nos aquece".

E os novos capangas dos novos senhores puseram-se a caminho, para aniquilar todos que diziam a verdade, para afogar na vergonha os nomes daqueles que falaram em recomeçar. Mataram muitos, sem, contudo, destruir a esperança, que é antiga como o orvalho e nova como a aurora que ainda não raiou.

"Existe uma outra sarça, precisamos procurá-la", anunciaram as vozes secretas daqueles que têm em seu encalço os capangas dos senhores antigos e novos.

"Precisamos recomeçar, mesmo que tenhamos de plantar de novo a sarça".

"Benditos sejam aqueles que assim falam! Que as pedras no caminho não sejam duras demais para seus pés, e que sua coragem não seja menor do que nosso sofrimento".

Assim falou o estrangeiro antes de nos deixar, mais uma vez. Tentamos olvidá-lo, ele e o gosto amargo de sua esperança. Estávamos cansados do eterno recomeço.

O mal-estar do milênio

O OCASO DA GLOBALIZAÇÃO?

Reina um profundo mal-estar nos círculos das altas finanças e negócios. A percepção de um nítido retrocesso no processo de globalização (leia-se, a expansão irrestrita do grande capital) transparece nos pronunciamentos das principais autoridades e porta-vozes das instituições que dominam o cenário econômico financeiro mundial.

Não se trata de uma conversão iluminada, tal qual experimentada por Saulo, no caminho de Damasco, mas da entrada em cena, cada vez mais forte e impetuosa, da sociedade civil, composta por centenas de milhares de ONGs, ambientalistas, sindicatos, grupos de defesa do consumidor e outras associações, manifestando, protestando e exercendo pressões políticas que não podem mais ser ignoradas.

Após duas décadas de triunfalismo alimentado pela liberalização e desregulação do comércio, as privatizações e a abertura impostas às economias mais débeis, de acordo com as normas e preceitos do Consenso de Washington, seus mentores e responsáveis estão confusos e inseguros diante das conseqüências desastrosas manifestadas em todos os quadrantes.

O Banco Mundial expressou suas dúvidas sobre as políticas e diretrizes pelas quais tentou estimular e financiar o desenvolvimento. Propondo um novo modelo, exige que se repense criticamente os projetos financiados no passado. Sugere-se que o novo modelo seja caracterizado por programas e metas cuja implementação seria decidida com base em consultas com todos os envolvidos.

Afinal, quem está no comando da economia global? Onde estão os poderosos chefes de governo, executivos das corporações e conglomerados transnacionais e seus conselheiros "filósofos do rei"? Analisando seus pronunciamentos, não se escapa da impressão de angústia do aprendiz-feiticeiro que perpassa as visões e manifestações dos homens mais poderosos do mundo.

Os anos noventa presenciaram a derrocada do império soviético, com seu "socialismo real", para o júbilo dos arautos do "fim da História", da luta de classes, da guerra fria. Mas, dez anos depois, no fim do século, o Consenso de Washington, pelas palavras de seus próprios e mais árduos mentores no passado, está agonizando, enquanto se assiste à busca, embora confusa e improvisada, de um novo paradigma – do 3º milênio – para o mundo globalizado.

A queda do muro de Berlim, paradoxalmente, contribuiu também para a derrubada dos mitos de crescimento ilimitado da economia de mercado. Construído sobre as premissas de um crescimento linear, cartesiano, alimentado pelos fluxos de investimentos estrangeiros, o modelo abstraiu ou ignorou variáveis importantes do sistema.

Desprezando as dimensões sociais e políticas do processo de crescimento econômico, não se atentou para as conseqüências das fusões, investimentos especulativos e a transferência de propriedade e controle de empresas nacionais para mãos estrangeiras.

Esse tipo de investimentos não gera empregos e contribui, via a reengenharia e a flexibilização das relações de trabalho, à redução paulatina da massa de salários. Completada por uma política fiscal perversa, que influi negativamente no nível de renda e poupança, portanto na capacidade de investimento interno, entra-se num círculo vicioso que impele cada vez mais a recorrer às fontes de financiamento externas, aumentando a dívida, pressionando as taxas de juros e cambial, com efeitos negativos no balanço de pagamentos, onerado pelos compromissos de remessa, de dividendos, *royalties* e, obviamente, parcelas do principal da dívida.

CRESCIMENTO ECONÔMICO DESIGUAL – O CALCANHAR DE AQUILES DO SISTEMA

O desgoverno da economia mundial pode ser ilustrado pelo paradoxo do crescimento e expansão da economia norte-americana nos últimos nove anos, diante do empobrecimento e estagnação na grande maioria dos países, inclusive os "emergentes". A prosperidade norte-americana fundamenta-se no fluxo contínuo de reservas e poupanças do resto do mundo para a área do dólar, porto seguro para investimentos, lavagem de dinheiro e grandes jogadas de fusões e incorporações.

A oferta de crédito barato, associada a uma reserva de mão-de-obra praticamente ilimitada e também barata, constituída pelos imigrantes legais e clandestinos, tem permitido o surgimento de inúmeras pequenas empresas, que crescem nos setores de alimentos, vestuário, habitação, lazer e serviços em geral. Contudo, apesar da longa fase de prosperidade, as medidas de distribuição de renda revelam que a desigualdade aumentou nos EUA.

O aumento do consumo das classes médias e seu conseqüente endividamento encontram seu paralelo no déficit crônico na balança comercial (aproximando-se de US$ 300 bilhões em 1999), com efeito retroalimentador da ciranda financeira especulativa. A mais baixa taxa de desemprego em décadas nos EUA tem como contraponto as taxas obscenas de até 20% de desempregados, nas áreas metropolitanas da América Latina.

A ampliação do fosso, pelo empobrecimento da maioria, é admitida pelas três organizações internacionais – o FMI, o BM e a UNCTAD. Todos seus porta-vozes apontaram, em seus discursos, as dimensões absurdas da polarização em escala mundial: 500 milhões nos países afluentes vivem com renda *per capita* superior a 20 mil dólares ao ano, enquanto 3 bilhões – metade da população do planeta – deve se contentar com 1-2 dólares por dia, com a tendência ao aumento das desigualdades, de depredação do meio ambiente e de pilhagem incontida dos recursos naturais.

Diante do quadro dantesco de miséria e indigência na maioria das áreas rurais e, sobretudo, nas áreas metropolitanas dos países "emergentes", quais poderiam ser os efeitos de ações filantrópicas empreendidas por organizações do Terceiro Setor, geralmente financiadas pelo grande capital? A filantropia seletiva e a "conta-gotas" não substitui a ausência de responsabilidade moral das empresas perante seus empregados e as comunidades locais.

Cada megafusão, privatização de empresas estatais ou aquisição de pequenas e médias empresas nacionais carrega infinitamente mais recursos para os cofres dos conglomerados, assessorados pelos financistas, advogados, administradores e engenheiros mais espertos, enquanto poderosos *lobbies* asseguram os vínculos com os centros decisórios, nacionais e internacionais.

Nesse contexto, fará sentido a oposição entre capital nacional e estrangeiro? Ou, em outras palavras, devemos embarcar na canoa de Mahatir Mohamad, primeiro-ministro da Malásia, que reclama e defende os direitos do capital "nacional" de explorar seus trabalhadores, negando lhes a proteção das leis trabalhistas e, por cima, dos Direitos Humanos?

A mudança do capital e das fábricas para regiões de mão-de-obra barata, baixo custo de energia e matérias-primas resultou em empreendimentos regiamente premiados com subsídios, incentivos e isenções tributárias, que desarticulam freqüentemente as economias locais ou regionais.

Visto dessa perspectiva, qualquer crescimento econômico que procure ignorar ou postergar a distribuição eqüitativa do produto social, amparada num regime de democracia participativa e na Carta dos Direitos Humanos, está fadado ao fracasso e põe em perigo a estabilidade das instituições e a coesão social.

A própria dinâmica da acumulação e reprodução de capital, via concentração econômica e centralização do poder político, independentemente das ideologias partidárias ou das intenções subjetivas dos detentores nominais do poder, leva inexoravelmente à polarização e exclusão social, cultural, espacial e, em conseqüência, também econômica, por falta de acesso a oportunidades de educação e melhores empregos.

Os governos dos países "emergentes" tornam-se, em geral, cúmplices no processo de espoliação de suas populações pelo capital. Não tendo poder de impor tributos e impostos às transações financeiras cujos autores sempre ameaçam com a alternativa de procurar os paraísos fiscais, os governos acabam por taxar e extorquir mais dos assalariados e aposentados, a fim de manter a "estabilidade fiscal" ou seja, pagar os juros sobre as dívidas externa e interna.

Os efeitos da tão alardeada abertura dos mercados dos países ricos, para absorverem mais exportações dos países pobres e "emergentes", tenderiam a alterar os desequilíbrios sociais internos e externos? Os lucros fabulosos dos exportadores de café, algodão, soja e outras *commodities*, acrescentados dos recursos emprestados a taxas de juros negativas por estabelecimentos de crédito oficiais, nacionais e internacionais, foram desviados para os "paraísos fiscais", sem falar do consumo de desperdício das elites tradicionais e modernizantes nos países "em desenvolvimento".

Eis o nó da questão: reformas parciais não conseguem alterar a dinâmica do sistema de exploração e alienação da força de trabalho. Propostas de mudança esbarram numa estrutura de poder composta pelas forças conservadoras, que tradicionalmente exercem o governo, em aliança com grupos ou partidos supostamente "modernizadores", uma coalização que resiste a movimentos populares democratizantes.

A extinção da OMC ou mesmo do FMI irá mudar algo nesse panorama? E a eliminação das barreiras às exportações dos países "pobres" diminuirá as disparidades de qualidade de vida, entre pobres e ricos, nessas regiões? A melhoria dos "termos de troca" resultará automaticamente em distribuição de renda mais eqüitativa dentro dos países e entre eles?

Não deve constituir surpresa a atuação inexpressiva dos representantes e diplomatas dos países "emergentes" e dos mais pobres, nos fóruns e conferências internacionais. Afinal, a política externa de um país é a continuação da interna, embora o discurso possa adaptar-se aos ouvintes-consumidores diferentes.

Poder e mudança social

Como romper o círculo vicioso do processo de acumulação e reprodução, polarizante e excludente de poder e riqueza? Em primeiro lugar, é preciso rejeitar o determinismo economicista ou tecnológico sobre a inevitabilidade da globalização, legitimador de políticas públicas de aperto fiscal e de contenção de gastos sociais, que configuram o caos social como ingrediente da existência diária da população.

Percebemos a sociedade em sua evolução histórica como um processo dialético de contradições e, portanto, de oportunidades para um posicionamento afirmativo e ações transformadoras.

Continua a luta do trabalho contra o capital; a busca da democracia participativa em lugar da meramente representativa; os movimentos em favor da descentralização administrativa e política, contra a tendência centralizadora e autoritária, própria aos poderes constituídos.

A História não segue seu curso em linha reta e previsível, mas é configurada por tendências opostas, de integração da sociedade mundial "por cima", pela ação devastadora do grande capital, e da aproximação e integração dos povos, a globalização "por baixo".

A construção do *countervailing power* (J. K. Galbraith), o poder de resposta aos desmandos do regime decadente, nasce nas entranhas do sistema. Este se mostra incapaz de atender às demandas da população por eqüidade, justiça social e plena participação nas decisões políticas.

As "soluções" propostas nas conferências internacionais – mudanças nas regras do comércio internacional, abertura de mercados dos países ricos para os produtos e *commodities* dos pobres, o "perdão" das dívidas dos mais pobres ou a imposição de um tributo (*Tobin Tax*) às transações de capital especulativo, com todas as dificuldades previsíveis de implantação, administração e fiscalização, mudariam as relações de poder internas a cada sociedade, alterando os padrões de distribuição dos ganhos e dos sacrifícios impostos à maioria da população?

É possível, ainda, apostar no capitalismo com "face social", nacionalista e defensor da soberania nacional? Ou, seria esta mais uma ilusão em face da busca desenfreada do lucro que foi e continua sendo a característica central do sistema?

Chegamos ao âmago da questão – a centralidade da questão do poder político: quem decide, como (quais os critérios) e em que setores e regiões são alocados os recursos nacionais e distribuído o produto social (renda nacional) entre as classes sociais? Existe uma contradição profunda entre a legalidade do exercício do poder pelo governo eleito e a legitimidade de suas ações. Não sendo resultado da vontade explícita do povo, as decisões governamentais quanto às prioridades estabelecidas nos gastos dos recursos públicos, nacionais e de fontes externas, dificilmente lograriam a aprovação da maioria da população.

Por um novo paradigma

A tendência à integração de sistemas econômicos e de sociedades, em escala regional e global, parece irreversível, embora marcada por contradições e conflitos políticos que provocam também fragmentações e movimentos separatistas.

É preciso concentrar os esforços para influenciar e, quando possível, alterar as políticas públicas, pressionando por reformas institucionais que tornem viáveis e "legais" as ações dos cidadãos em prol da democracia direta e menos burocrática. Para que isso aconteça, não bastam boas idéias, propostas ou denúncias de manobras políticas ou de operações financeiras lesivas ao patrimônio público, por parte da tecnoburocracia governante.

A entrada em cena política da sociedade civil supera a dicotomia, cada vez mais escolástica, de Estado *versus* mercado. A construção de uma sociedade sustentável, ou seja, coesa e solidária, requer uma combinação variável, de acordo com o estágio da evolução histórica que cada país alcança, de um certo grau de planejamento, coordenação e orientação centralizadores, com o máximo de liberdade, participação criativa e autonomia de indivíduos e comunidades.

A transparência nos processos decisórios e a abertura à participação popular inviabilizarão operações lesivas ao patrimônio público e à coletividade, do tipo de privatizações em nome da liberalização da economia; manobras financeiras escusas como aquisições de empresas com "moeda podre"; preços baixos do valor real dos ativos transacionados e outras que concorram para a transferência e a concentração de recursos produtivos e financeiros nas mãos de poucos – geralmente bancos e fundos de investimentos.

Os ganhos (altamente duvidosos) em termos do orçamento fiscal da União, certamente não compensam as perdas líquidas de capital social, ou seja, da confiabilidade e credibilidade dos governantes aos olhos da população. A perda de confiança no governo resulta em desmotivação e apatia, enfraquecendo a coesão e solidariedade da rede de relações sociais.

Pessoas que vivem na incerteza quanto ao seu futuro, angustiadas pelas tendências aparentemente inexoráveis do mercado, que minam a identidade individual e coletiva, resultam em queda de produtividade no trabalho e o aparecimento e disseminação de múltiplas formas de anomia social.

Ao teimar em manter o elenco de políticas macroeconômicas insensatas, criticadas inclusive pela cúpula dos organismos financeiros internacionais, os governos exacerbam as disparidades sociais. Apesar de todos os discursos e mensagens otimistas divulgados pelas mídias atreladas, os efeitos objetivos da omissão da questão social pelos governos e sua submissão aos ditames da finança internacional resultam em destruição dos sentimentos de identidade nacional e do destino comum do povo brasileiro.

Para reconstruir o capital social, deve-se cuidar das características culturais de toda a população, suas aspirações e valores, associações formais e informais que estimulem o engajamento, a identidade, a lealdade e a cooperação.

A interação baseada em confiança mútua e respeito aos outros cria um clima de expectativas recíprocas e de responsabilidade dos cidadãos, dispostos a assumir a sua cota de sacrifícios, à condição que estes, bem como os eventuais benefícios, sejam distribuídos de modo eqüitativo, facilitando assim a tarefa de coordenação dos poderes públicos.

Por uma nova ordem mundial

INTEGRAÇÃO E FRAGMENTAÇÃO

A dinâmica das relações internacionais manifesta-se por fenômenos e tendências freqüentemente contraditórias. Indubitavelmente, ocorre um movimento poderoso de integração econômico-financeira impulsionado pelas necessidades de expansão do grande capital e facilitado por uma série de inovações tecnológicas, de enorme impacto nos sistemas produtivos.

O desenvolvimento desigual e os diferentes graus de maturidade alcançados pelas sociedades em desenvolvimento nos diversos continentes resultaram nos processos paradoxos de integração e fragmentação. Surgem as formas de associação econômica regional, como a NAFTA, União Européia, Mercosul e outras, em fase de gestação.

Por outro lado, multiplicam-se os movimentos de afirmação étnica, religiosa ou nacionalista, desafiando as autoridades políticas estabelecidas. Nos casos da ex-URSS e da ex-Iugoslávia, os movimentos separatistas resultaram em confrontações violentas, guerras e massacres de populações civis indefesas. Mas, mesmo nos países da União Européia, o separatismo nacionalista dos bascos ou dos irlandeses, ou a autonomia econômica pretendida pelo partido da Lombardia, no norte da Itália, tem ressurgido em plena era de integração regional.

É na confrontação dessas tendências e atores que se processa a transição acidentada em direção a uma nova ordem mundial, de um mosaico multicolorido e heterogêneo de

Estados-nações soberanos, ciosos de uma autonomia ilusória e supostamente garantida por um aparato bélico considerável, para a convivência civilizada em uma aldeia global. Estaríamos caminhando em direção a um mundo pluripolar?

Surgiu uma nova relação de forças no complexo tabuleiro da geopolítica: Os Estados Unidos, indiscutivelmente a superpotência econômica, financeira e militar, vê sua hegemonia crescentemente ameaçada pela China e, em grau menor, pela Índia, que, juntas, reúnem mais de um terço da população mundial, com um potencial econômico e militar em rápida expansão.

Ademais, embora enfraquecida econômica e financeiramente, a Rússia continua como segunda potência militar, armazenando milhares de foguetes de longo alcance e ogivas nucleares. Seguem-se o Japão, a Alemanha e as antigas metrópoles imperiais – a França e a Grã-Bretanha que, embora com potencial econômico significativo, dependem estrategicamente das forças armadas norte-americanas.

Da mesma forma, os países "emergentes", como Brasil, México e Paquistão, são dependentes do colosso norte-americano. Outro grupo de países "médios" – populações entre 50-60 milhões de habitantes – abrange a Turquia, Tailândia, Egito, Irã, África do Sul e outros que padecem de uma gama de problemas, tais como o rápido crescimento demográfico, poucos recursos naturais e baixo nível de poupança, que os tornam vítimas de crises sociais e políticas recorrentes. Do outro lado do caleidoscópio, encontramos dezenas de micro-estados que sobrevivem como paraísos fiscais ou exportadores de mão-de-obra barata.

Quem mais sofre os impactos dessas forças e tendências contraditórias e opostas é o Estado-nação. Surgido há mais ou menos trezentos anos, na Europa, constituiu-se em marco jurídico legal e político da organização territorial e das atividades econômicas, para as populações antes submissas aos (des) mandos dos senhores feudais.

Seu debilitamento interno, que o tornou incapaz de atender às demandas e expectativas dos diversos estratos da população, e o externo, em função das pressões incontíveis dos conglomerados e organismos transnacionais, levam ao enfraquecimento dos sentimentos e atitudes de lealdade e identidade nacionais, fundamentais para a solidariedade e coesão da nação.

A perda de identidade e solidariedade nacional ocorre concomitantemente com o enfraquecimento da posição e do papel do Estado na arena internacional, que cede às pressões de poderosos conglomerados que atuam em escala global, praticamente sem estar sujeitos a regulamentações restritivas ou fiscalizadoras.

O vácuo criado pela omissão do Estado na gestão das políticas social, econômica e ambiental, criou o contexto propício para a emergência de inúmeros grupos de cidadãos voluntários, congraçados em organizações não-governamentais. Estas estão se tornando porta-vozes da defesa dos interesses da coletividade, contra a burocracia do Estado e as investidas do capital transnacional.

O quadro esboçado aponta para as dificuldades crescentes de construção de um mundo mais integrado e harmônico. O objetivo é manter o princípio da autodeterminação dos povos, consagrado na Carta de São Francisco. Globalização e soberania nacional parecem irreconciliáveis, nos parâmetros do sistema capitalista, fundamentado nos valores de competição e acumulação extremas, que inviabilizam os esforços de integração regional.

Na nova configuração das forças políticas, nos planos nacional e internacional, caberia às ONGs o papel de contrabalançar o poder, e opor-se à influência dominante do grande capital, com suas alianças típicas do "complexo industrial-militar (e acadêmico)" apontadas, há décadas, pelo economista John K. Galbraith.

A influência crescente das ONGs, manifesta em sua participação maciça nas reuniões e conferências internacionais convocadas pelas Nações Unidas (Rio-92, Cairo, Viena,

Copenhague, Berlim, Istambul, Kyoto e Buenos Aires), vem ao encontro da busca de uma nova identidade, baseada em cooperação e solidariedade.

São significativas as conquistas da humanidade, graças à presença e ao empenho das ONGs, nos cenários nacional e internacional nos últimos anos. O banimento das minas-terrestres; a criação da Corte de Justiça de Roma; a aprovação do protocolo de Kyoto; a resistência ao AMI e o fortalecimento do combate à violação dos Direitos Humanos em praticamente todos os países devem ser motivos de orgulho e confiança no futuro da sociedade democrática mundial.

Colocando a tecnologia de ponta a serviço da intercomunicação e constituição de redes, com ramificações internacionais, a participação democrática constitui um desafio inédito às políticas e à postura autoritária e centralizadora do Estado, que se tornou agente da globalização imposta pelas forças econômico-financeiras e da mídia

A emergência de iniciativas locais ou mesmo internacionais – organizadas por grupos de voluntários em protesto e resistência, desde a construção de centrais nucleares até à repressão de liberdades democráticas e, mais recentemente, contestando as reuniões das organizações multilaterais – é um fenômeno inédito no cenário político internacional. A nova ordem mundial está sendo construída por esses diferentes atores sociais, na transição de um mundo de estados territoriais e soberanos para uma sociedade planetária.

Seria temerário tentar predizer o desfecho dessas tendências questionadoras da globalização e fragmentação. Os grupos minoritários tendem a se tornar mais ciosos de sua identidade, de seu idioma e de suas tradições culturais. Portanto, tornam-se menos submissos e mais resistentes ao Estado autoritário.

Enquanto a lógica do mercado induz ao consumo conspícuo e à degradação ambiental, criando problemas para políticas de sustentabilidade, surge, por outro lado, uma tendência promissora de democratização e de respeito aos Direitos Humanos. Cabe a nós a tarefa de estender e ampliar os espaços de governança democrática, nos planos nacional e internacional, exigindo mais transparência e responsabilidade (*accountability*) dos detentores do poder.

Não devemos perder de vista o objetivo estratégico de longo prazo – a construção de uma sociedade sustentável amparada em um sistema de governança global. Sem fixar prazos, afirmamos a possibilidade de um processo, que se tornará mais provável à medida que os atores sociais, em todas as latitudes, ajam para fazê-lo acontecer.

Deixemos claro que não se pretende traçar uma previsão ou, menos ainda, uma prescrição dos caminhos a seguir. Tratamos de tendências, e tendência não é sinônimo de destino. Apontamos para a probabilidade de certas ocorrências ou mudanças, se estas forem desejadas com determinação pelos atores sociais. Reafirmando, todavia, nossa premissa que percebe a realidade como uma construção social, acreditamos também que, como nunca antes na História da humanidade, os povos do mundo têm seu destino e o das gerações futuras em suas próprias mãos.

Nota sobre a integração da América do Sul

O Mercosul está em crise, com as trocas comerciais entre seus parceiros praticamente estancadas. Por outro lado, manifestou-se com forte ímpeto a pressão dos EUA, no sentido de acelerar a criação da ALCA – Associação de Livre Comércio das Américas – englobando todos os países do hemisfério, com exceção de Cuba.

Lamentavelmente, nenhum dos governos Sul-americanos tem adotado uma posição firme de resistência às pressões dos EUA e, tampouco, tem consultado os setores da sociedade civil de seus respectivos países a respeito de decisões de suma relevância. As observações que seguem visam estimular a discussão sobre o futuro da integração das Américas.

Sem uma prévia integração da América Latina por meio de uma ampliação do Mercosul ou outro projeto semelhante não haverá possibilidades de negociar em pé de igualdade com os EUA ou mesmo com a União Européia. Seria válido centralizar as negociações somente na liberação das importações de produtos agrícolas, e a redução das barreiras tarifárias aos semi-industrializados para um melhor acesso aos mercados norte-americanos?

Ou devemos questionar, sem rodeios, ... "a quem interessa um acordo de comércio preferencial para produtos e serviços da 'nova geração tecnológica'"? A quem interessa, entre os parceiros em potencial da ALCA, a garantia dos direitos de propriedade intelectual?

A tese das vantagens de livre comércio não elimina o fato de que este produz impactos negativos nas economias tecnologicamente mais fracas e menos estruturadas. A situação se complica ainda mais quando se incluem nas negociações regras rigorosas sobre os investimentos estrangeiros e as compras governamentais, inclusive contratos de grandes obras civis, patentes e clausulas específicas sobre a legislação trabalhista e ambiental.

Inquestionavelmente, as empresas norte-americanas, japonesas e européias dispõem de uma série de vantagens estruturais em relação às empresas sul-americanas, que não poderão ser neutralizadas a curto ou médio prazo. A fraqueza dos mercados de capitais, as altas taxas de juros, as deficiências de infra-estrutura e a baixa qualificação da mão-de-obra resultaram em uma situação de desvantagem permanente, na luta por mercados internos e externos.

Ademais, as empresas com matrizes nos países centrais têm superioridade incontestável em termos de escala de produção, acesso à tecnologia de ponta, facilidades de crédito e redes de comercialização e de marketing.

A redução e eventual eliminação das barreiras tarifárias permitiria a sobrevivência das empresas e dos empregos nacionais?

Seja quem for o principal parceiro da área de livre comércio – EUA ou UE – seus efeitos seriam devastadores para a maioria dos setores das economias sul-americanas, que tenderiam a regredir ao estágio colonial de fornecedores de produtos primários, semi-manufaturados e manufaturados tradicionais.

Mesmo no caso, altamente hipotético, de obter mais concessões dos EUA ou da União Européia, às desvantagens acima enumeradas, de ordem micro e macroeconômica, viriam acrescentar-se desequilíbrios freqüentes em nossas contas externas, agravando a dependência em relação ao investimento direto estrangeiro (IED).

Esses recursos externos, conforme amplamente demonstrado nos últimos anos, mesmo aliviando temporariamente o pagamento dos juros e de dívida externa a médio e longo prazo, uma vez esgotada a pauta de possíveis privatizações de empresas estatais impactam pesadamente nas políticas fiscal e cambial. O que obriga os governos a proceder a cortes nas despesas sociais e aumentar os impostos, medidas que invariavelmente tendem a diminuir as atividades econômicas, aumentando o desemprego, a desigualdade e a miséria.

A prolongada recessão da economia Argentina (três anos), e os abalos das finanças no México (1995), no Oriente (Tailândia, Filipinas, Indonésia em 1997), Rússia (1998), Brasil (1999) e Turquia (2000) constituem mais evidências da falência de um modelo de política econômica, desumana e genocida.

Cenários para os desafios do século XXI

Postulamos que é função do Estado assegurar tranqüilidade e bem-estar para todos os cidadãos, agindo como representante e servidor da sociedade e não como seu dono. A legislação que confere poderes excepcionais ao governo, ressuscitando o Estado policial, subverte os princípios democráticos básicos, dos quais o povo norte-americano foi o pioneiro e defensor, com justificado orgulho, durante os últimos duzentos anos.

A nova legislação sobre o estado de exceção nos EUA representa um grave retrocesso no embate secular entre o Estado e a sociedade civil, inclinando o balanço a favor do primeiro que, quando colocado acima dos cidadãos, constitui uma séria ameaça aos direitos de cidadania e à dignidade da pessoa humana.

Concorrem para a deterioração do atual clima político a queda generalizada do nível de atividades econômicas em praticamente todos os países; a redução das atividades produtivas; a diminuição de lucros e investimentos. O aumento do desemprego e a conseqüente tensão social abalam as precárias estruturas sociais e concorrem para a criação de um ambiente de *homo homini lupus* (o homem é o lobo do homem) (Thomas Hobbes), com um retrocesso na vigência da Carta dos Direitos Humanos e do próprio processo civilizatório.

A longa experiência histórica nos ensina que, com o debilitamento do sistema econômico e do acirramento dos conflitos distributivos, tende a se fortalecer o papel do Estado como árbitro e repressor de movimentos populares que reivindiquem trabalho, moradia, terra e direitos civis, em geral.

As intervenções do Estado visam proteger os interesses das elites dominantes, do grande capital, dos investidores estrangeiros, dos bancos e da própria tecnocracia, mediante políticas e diretrizes que impactam direta ou indiretamente o nível de renda e bem-estar das camadas populares, crescentemente excluídas do processo de tomada de decisões e transformadas em meros objetos manipulados de um complexo jogo de poder, político e econômico.

As eleições, supostamente democráticas e livres, são em geral manipuladas a favor de candidatos oficiais, financiados pelo grande capital e apoiados pela mídia, o que exclui uma participação efetiva da população nas decisões que afetam seu destino.

É verdade que todo nosso sistema de relações sociais é profundamente viciado por padrões autoritários, desde a família, a escola, as empresas e, obviamente, a própria administração pública. Como, então, mudar essas práticas negativas para a construção de uma verdadeira democracia – condição básica para uma sociedade sustentável?

Submeter as decisões do poder público à consulta e ao referendo popular constituiria um passo importante em direção à educação da população, habilitando-a para debates, análises e interpretações das opções oferecidas pelos políticos. Esse processo teria profundas implicações e impactos no universo simbólico e cultural, à medida que contribuiria para o fortalecimento da identificação com os "outros" – o sentimento de pertencer à comunidade e a construção do destino comum da nação.

A MOBILIZAÇÃO DA SOCIEDADE CIVIL

A ofensiva geral econômica e militar dos EUA para impor sua hegemonia ao resto do mundo ocorre em um momento histórico peculiar: o modelo neoliberal e as políticas econômicas dele decorrentes atravessam sua mais grave crise, refletida na profunda recessão nos principais centros da economia mundial (EUA, Japão e União Européia) e na *débâcle* dos países "emergentes", deixando no seu rastro dezenas de milhões de vítimas – desempregados, desabrigados, famintos e excluídos.

A crise atual é de âmbito global e tem raízes sistêmicas. Ela afeta não somente os pobres, os desempregados, os sem-terra, mas também aqueles que conseguem manter seus empregos, embora com salários e direitos trabalhistas declinantes. A polarização social entre uma minoria rica, poderosa e com acesso à informação, e uma imensa maioria desprovida do essencial, tem sua origem nos mecanismos de acumulação e reprodução de capital, cada vez mais concentrado e monopolizado.

Manipulada pelos tecnocratas a serviço dos donos de poder, a política econômica e financeira não foi capaz de gerar os recursos – seja via exportação, seja via privatização e desnacionalização de empresas – para saldar os compromissos com os credores externos e internos.

O sistema produtivo nacional foi gradualmente desmontado e pauperizado, enquanto aumentavam as remessas ao exterior, a título de pagamento de juros, *royalties* e dividendos. Completa essa dança macabra, a fuga de capitais para os paraísos fiscais no exterior, transformando-se em "riqueza morta".

A título de exemplo apenas, já nos anos oitenta, o falecido presidente da França, François Mitterrand, recusava-se a conceder ajuda financeira à Argentina, afirmando que o equivalente de sua dívida externa estaria depositado em bancos no exterior. Por outro lado, a onda de derrocadas sucessivas de regimes militares na América Latina criou o espaço para o surgimento de uma ampla gama de movimentos sociais, em todas as suas matizes, à procura de uma definição de rumos e ensaiando novas práticas de ação social reivindicatória.

É fundamental transformar a crescente pressão popular por políticas alternativas em mudanças estruturais, a partir de novas posições de poder. Os movimentos sociais têm mobilizado milhões, logrando mudanças significativas em âmbito local, pois contribuíram para uma elevação do nível de consciência social manifesta na pressão crescente por reformas e mudanças políticas, repercutindo em nível local e nacional.

Meio ambiente e desenvolvimento sustentável: o mundo na encruzilhada da história

Se um Estado é governado pelos princípios da razão, a pobreza e a miséria são motivos de vergonha; se um Estado não é governado por esses princípios, a riqueza e as honras é que são motivos de vergonha.
Confúcio, apud Henry D. Thoreau – *Walden ou A vida nos bosques*

DE ESTOCOLMO A JOHANESBURGO

Decorridos trinta anos desde a primeira Conferência das Nações Unidas sobre o Meio Ambiente Humano, realizada em Estocolmo e dez anos após a CNUMAD sobre Meio Ambiente e Desenvolvimento (Rio 92), ocorreu uma nova mobilização em escala mundial, com a convocação para a terceira Conferência sobre o Desenvolvimento Sustentável (Rio+10) realizada em 2002, em Johanesburgo, África do Sul.

Foi uma nova oportunidade para passar em revista os principais problemas ambientais e humanos que afligem as populações de nosso globo. Mas a Conferência serviu também de palco para expor e discutir os obstáculos e resistências encontrados na implantação da Agenda 21, nos planos local, nacional e internacional.

Apesar dos esforços despendidos nos dez anos passados, com inúmeras reuniões e debates travados sobre propostas e resoluções, metas e indicadores, o balanço geral não é animador. Os avanços reais no cumprimento das metas da Agenda 21 foram insignificantes, e as perspectivas de uma mudança nas atitudes políticas por parte dos governos não autorizam uma visão mais otimista do futuro.

Entretanto, uma enxurrada de propostas de políticas ambientais e sua respectiva legislação circulam nos gabinetes dos Legislativos e Executivos, aguardando decisões e regulamentação. As resistências às normas ambientais mais rígidas manifestam-se também nas organizações internacionais, nas quais os representantes dos governos dos países mais ricos, sobretudo os EUA, protelam ou recusam a assinatura de tratados e protocolos, alegando prejuízos para suas respectivas economias nacionais.

Essa polarização de posições entre Norte e Sul, os países ricos e o Terceiro Mundo, perpassou também as reuniões preparatórias de Bali (maio de 2002) e do Rio (junho de 2002). Acusando os países ricos de tentar retroceder em tópicos já definidos na CNUMAD da Rio-92, os porta-vozes dos países pobres chamaram a atenção para os impactos da ordem global responsável pelo alastramento da pobreza e exclusão social e, também, da degradação ambiental.

O encontro do Rio de Janeiro, com a presença de vários chefes de Estado, não conseguiu avançar na definição da pauta da Terceira Conferência das Nações Unidas sobre o Desenvolvimento Sustentável que aconteceu de 26 de agosto a 4 de setembro, em Johanesburgo.

O ESTADO DO MEIO AMBIENTE DO PLANETA

O relatório do PNUMA – Programa das Nações Unidas para o Meio Ambiente – conhecido como GEO-3 (Panorama Ambiental Global), foi preparado para facilitar o balanço da saúde ambiental do planeta, e estimular os debates sobre os rumos da política ambiental nos próximos anos, visando evitar desastres ambientais e seus severos impactos sobre as populações indefesas.

O Relatório aponta para os principais problemas que afligem a humanidade:

- *a concentração de gás carbônico na atmosfera* é um dos fatores que provoca o efeito estufa. Apesar de amplamente documentado e reconhecido na Convenção das Nações Unidas sobre Mudança Climática, e, posteriormente, reforçado pelo Protocolo de Kyoto, sua implementação continua suspensa devido à recusa dos EUA em assumir suas responsabilidades, desde 1997. O aumento do "aquecimento global terrestre" devido ao consumo crescente de combustíveis fósseis, à produção de cimento e à combustão de biomassas, nos últimos anos, causou a extensão dos danos à camada de ozônio que alcançou um nível alarmante.
- *a crescente escassez de água potável*: com uma demanda crescente em conseqüência do aumento da população, do desenvolvimento industrial e da expansão da agricultura irrigada verifica-se uma oferta limitada de água potável, distribuída de maneira muito desigual. O Relatório do PNUMA avalia que 40% da população mundial sofre de escassez de água, já desde a década dos 90. A falta de acesso ao abastecimento seguro e ao saneamento tem resultado em centenas de milhões de casos de doenças, provocando mais de cinco milhões de mortes por ano;
- *a degradação dos solos* por erosão, salinização e o avanço contínuo da agricultura irrigada em grande escala e os desmatamentos, a remoção da vegetação natural, o uso de máquinas pesadas, as monoculturas e os sistemas de irrigação inadequados, além de regimes arcaicos de propriedade, contribuem para a escassez de terras e ameaçam a segurança alimentar da população mundial;
- *a poluição dos rios, lagos, zonas costeiras e baías* tem causado degradação ambiental contínua, por despejo de volumes crescentes de depósitos de resíduos e dejetos industriais e orgânicos. O lançamento de esgotos não-tratados aumentou

dramaticamente nas últimas décadas, com impactos eutróficos severos sobre a fauna, flora e os próprios seres humanos;
• *desmatamentos contínuos* – o Relatório do PNUMA estima uma perda total de florestas, durante os anos 90, de 94 mil km², ou seja, uma média de 15 mil km² anualmente, já abatendo as áreas reflorestadas. Emblemático a respeito é a devastação da Mata Atlântica, da qual sobraram somente 7%, segundo levantamento patrocinado pela SOS Mata Atlântica, Uma das conseqüências do desmatamento é a destruição da biodiversidade, particularmente nas áreas tropicais. Mudanças climáticas, extração predatória de recursos naturais e minerais, transformações no uso do solo estão dizimando a fauna e a flora em diversas regiões do mundo.
• *O crescimento da população* acompanhado de novos padrões de consumo e produção resulta em quantidades de resíduos e substâncias tóxicas poluentes com efeitos desastrosos na biodiversidade. Embora não existam dados precisos sobre espécies extintas nas últimas três décadas, o Relatório do PNUMA estima que 24% (1.183) das espécies de mamíferos e 12% (1.130) de pássaros estariam ameaçadas de extinção.

A situação se afigura particularmente dramática nas áreas urbanas e metropolitanas nas quais vive quase metade da população mundial, a maioria em condições de alimentação, habitação, saneamento e acesso a facilidades de lazer cada vez mais precárias. A concentração ininterrupta de desempregados, miseráveis e excluídos nos espaços urbanos e metropolitanos caracterizados por desigualdades extremas produz fenômenos de anomia social – marginalidade, delinqüência e narcotráfico – que enfraquecem ainda mais a precária governabilidade.

O Relatório das Nações Unidas estima 800 milhões da população urbana vegetando abaixo da linha de pobreza e extremamente vulnerável a desastres naturais e mudanças ambientais. Essas condições desfavoráveis são diretamente responsáveis pela saúde deteriorada e a baixa qualidade de vida, sendo a falta de saneamento básico e a poluição do ar responsáveis pela maior parte das doenças e mortes.

Ciência, Tecnologia e Meio Ambiente

Ao contrário do discurso oficial sustentado pela maioria dos cientistas, não há uma correlação positiva entre os avanços nas pesquisas científicas e tecnológicas e a posição de um dado país em termos de indicadores sociais e ambientais.

Apesar de razoável infra-estrutura científica (universidades e institutos de pesquisa), em termos de indicadores de desenvolvimento humano, o Brasil permanece bem atrás de vários países com inferior desenvolvimento em ciência e tecnologia enquanto os Estados Unidos, com o maior potencial de pesquisa e desenvolvimento, adotam posições retrógradas com relação à preservação do meio ambiente.

A questão do papel da ciência e tecnologia em sociedades afligidas por tremendos problemas sociais tem sido sistematicamente evitada pelas elites do sistema, incluindo cientistas e políticos. Durante as últimas décadas, a opinião pública tem sido alimentada com o mito do "efeito de filtração" (*trickle-down effect*), de quanto mais pesquisa e desenvolvimento, melhor para a prosperidade econômica e o bem-estar social.

Entretanto, como prova a dura realidade, a natureza dos nossos problemas sociais e ambientais não requer sofisticadas soluções de alta tecnologia, e sim, o uso mais racional de tecnologias "apropriadas" existentes e de políticas empenhadas na redução do desperdício e do consumo conspícuo. Outro importante fator para o desenvolvimento humano seria o aumento do nível de educação e dos conhecimentos do conjunto da população assegurando a incorporação de milhões de crianças ainda excluídas de um adequado sistema escolar. Como pode uma sociedade progredir sem a inclusão de toda a sua população?

Da discussão precedente pode-se inferir que ciência e tecnologia não são politicamente neutras. Ao contrário, equipamentos e processos de trabalho bem como a organização e o manuseio dos mesmos estão inextricavelmente ligados às relações sociais produtivas. Em cada contexto histórico, espacial e socialmente determinado, as formas materiais de tecnologia representam uma combinação de diferentes níveis de poder econômico e político centralizado, enfrentando as aspirações contrabalanceadoras dos produtores por mais autonomia e autogestão.

Por isso, práticas tecnológicas refletem as contradições políticas entre as dinâmicas da economia, tendendo a concentração e centralização do capital e as tendências opostas do sistema político, em direção à democracia e autogestão.

Essa tensão dialética estabelece os limites da ciência e tecnologia como instrumentos de mudança social. Pesquisas tecnológicas e seu desenvolvimento, as inovações e sua incorporação no sistema produtivo obedecem primeiramente a critérios econômicos e políticos.

Proclamar a crença nas possíveis mudanças das relações de poder no sentido de mais eqüidade e justiça social derivadas de políticas convencionais de ciência e tecnologia, soa ingênuo ou deliberada mistificação.

Em última instância, o desenvolvimento social e econômico, incluindo ciência e tecnologia, não depende somente do volume de recursos disponíveis, mas de quem os controla e os usa, com que objetivos, planos e valores.

Uma demonstração inequívoca do modo enviesado adotado nos discursos oficiais sobre o papel da ciência é revelada por uma análise das discussões dos problemas ambientais nas reuniões e conferências internacionais sobre mudança de clima e fenômenos correlatos.

Para evitar a redução de emissões em casa, os representantes dos países ricos, baseando-se nas evidências de resultados científicos dúbios, propõem vias e mecanismos mais complexos para escapar da obrigação de adotar uma política de clima limpa e racional, a partir de um quadro de referências sistêmico e interdisciplinar.

Quando alertados pelos seus cientistas, os governantes consideram a política climática apenas como redução e controle das emissões. No entanto, há uma necessidade urgente de redesenhar os setores de energia e transportes, assim como a produção industrial para combater a poluição do ar e o congestionamento do tráfego.

Em vez de uma política climática baseada numa postura negativa de emissão e redução, necessitamos avançar com propostas positivas de *transformação industrial*, abandonando o enfoque estreito e fragmentado, para ser substituído por uma visão sistêmica de mudança global.

Uma diferente abordagem é exigida quando discutimos os fundamentos sociais, éticos e comportamentais do bem-estar humano considerados como tema prioritário. É importante admitir a extrema relevância da distribuição intra e intergerações, adotando uma posição ética em vez da neutralidade científica. As teses defendidas por economistas e biólogos baseadas nas informações das ciências naturais e da econometria parecem muito limitadas.

A acumulação de gases produzindo o efeito estufa é apenas um dos vários sintomas de irracionalidade no nosso altamente ineqüitativo mundo, onde 20% da população consomem 80% dos recursos naturais, incluindo energia. Outras manifestações negativas são a destruição da camada de ozônio, a poluição dos rios e oceanos, o sempre crescente número de substâncias químicas perigosas e os resíduos nucleares depositados que impactam negativamente a natureza e o ambiente humano. Esses problemas não podem ser tratados e reparados somente por meio de soluções tecnológicas.

A distribuição desigual de renda e dos ativos produtivos impõe pesadas restrições às políticas de desenvolvimento dos países pobres. Os grãos a serem cultivados, as fontes de energia exploráveis, o uso da terra, etc., não são mais decididos pelas autoridades nacionais, mas por forças financeiras externas.

Lidando com o problema das emissões de gás carbônico, os países ricos estão menos preocupados do que no caso do dióxido de enxofre (SO^2). Mas o aumento da temperatura global devido a mudança de clima afetará os países pobres no hemisfério sul. Meio metro a mais do nível do mar deslocará dezenas de milhões de pessoas, e submergirá faixas de terra em todo o mundo, enquanto a construção de muros para proteger zonas vulneráveis próximas ao mar certamente envolverá custos insuportáveis aos países pobres.

Até agora, as negociações sobre mudança de clima têm produzido poucos resultados, por serem realizadas entre parceiros desiguais. Os representantes dos países pobres são inferiores em número nas conferências, e geralmente lhes falta o acesso a informações relevantes e as habilidades de negociação.

Por isso, é difícil alcançar acordos sobre a concentração dos níveis de dióxido de carbono (CO^2), que representam maiores riscos para a saúde das populações. As fórmulas atuais enfatizam a minimização dos custos para os ricos, mas não a minimização dos riscos para os pobres. Ao pressionar os países pobres a venderem seus "direitos" de poluir, quanto estará disponível para eles sustentar suas políticas de industrialização? No futuro as intermináveis negociações arrastadas de uma conferência para outra representarão objetivamente um sério atraso na tomada de medidas adequadas e eficazes, com isso piorando a situação de ineqüidade, até um ponto sem retorno.

Ao incluir sumidouros nos MDL (mecanismos de desenvolvimento limpo), os países ricos estão provavelmente impondo a pior maneira possível de negociar responsavelmente com suas obrigações para reduzir as emissões.

Há várias razões para não incluir sumidouros nos MDL, quando uma abordagem sistêmica for adotada. Persistem ainda as controversas questões de preservação da biodiversidade relacionadas com os organismos geneticamente modificados e, os direitos das terras dos povos indígenas nos países pobres, vivendo em áreas cobiçadas por mega-projetos de desenvolvimento (por exemplo, a hidrovia Paraná-Paraguai que atravessa a região do Pantanal).

Assim, as incertezas sobre a capacidade de armazenagem do carbono por regiões ecológicas e, mais que tudo, o eventual seqüestro do carbono à luz dos imprevisíveis e incontroláveis fatores do comportamento humano e natural induzindo as mudanças climáticas, continuam presentes no cenário atual. A adoção do princípio de precaução e um rigoroso acordo para institucionalizar a cooperação regional e internacional seriam os primeiros passos em direção a um meio ambiente mais limpo e seguro.

Cada país deveria responsabilizar-se por suas próprias emissões, a serem verificadas e avaliadas por um comitê internacional independente. O comércio de cotas – eufemisticamente chamado MDL "mecanismos de desenvolvimento limpo" talvez permita melhorar a lucratividade de negócios, mas certamente não a eqüidade dentre e entre nações. MDL propõem mobilizar investimentos privados para países pobres serem capazes de prover um desenvolvimento mais limpo, baseado nos fluxos de capital e de tecnologia. Mas as negociações geralmente são realizadas em bases bilaterais entre parceiros desiguais não garantindo que um "bom" preço seria obtido pelos países pobres. Finalmente, sem transferência concomitante de tecnologia, qualquer acordo envolvendo a concessão de direitos de poluição certamente será oneroso para os parceiros mais fracos.

A ARMADILHA DA COMPETIÇÃO

A dinâmica selvagem da competição produz ganhadores e perdedores e esses últimos, cada vez mais numerosos, ingressam nos exércitos dos pobres e excluídos. Diante da crise ambiental e das economias nacionais desarticuladas que provocam conflitos sociais e políticos que sacodem permanentemente nosso planeta, o mercado competitivo poderia responder ao desafio de justiça social? O processo de polarização e a disseminação da pobreza constituem-se no maior obstáculo a um desenvolvimento sustentável para todos e o indicador convencional de crescimento do PIB *per capita*, advogado pelos políticos, governos e acadêmicos não passa de mais um engodo. A preocupação predominante com o crescimento econômico torna-se também um empecilho para o avanço nas práticas de proteção e preservação ambiental.

O meio ambiente não deve ser encarado em suas dimensões ecológicas e econômicas apenas. As percepções humanas e as formas de utilização do meio ambiente e seus recursos são socialmente construídos e essas construções envolvem interesses, valores, expectativas e instituições que influenciam as interações humanas com o ambiente biofísico e social. Uma das formas da construção social do meio ambiente é manifesta nos direitos de propriedade individual e coletiva. As estruturas sociais e os processos políticos asseguram sistemas específicos de propriedade que são mantidos e reproduzidos pelas relações sociais e os regimes políticos que os legitimam, bem como sua apropriação ou exclusão.

Em conseqüência, o meio ambiente não pode ser tratado isoladamente, mas deve ser inserido no contexto dos processos sociais, econômicos e políticos. Nesse sentido, um regime de governo democrático constitui fator crucial para uma gestão e proteção ambiental mais racional e sustentável que funcione no atendimento dos interesses coletivos. De outra forma, os interesses econômicos particulares de curto prazo prevalecem sobre as preocupações ambientais e sociais de longo prazo.

Os porta-vozes do mercado ou as empresas insistem em afirmar que as condições econômicas e sociais precárias seriam inevitáveis para manter a lucratividade dos negócios, apesar de danos permanentes causados ao meio ambiente e às populações carentes e indefesas. Seria possível conciliar os interesses conflitantes do *big business*, da tecnocracia e do mundo das finanças com aqueles das populações pobres nas áreas rurais e urbanas?

Os governos e as grandes empresas procuram escapar de sua responsabilidade de enfrentar os perigos à sobrevivência da humanidade reclamando por "mais evidências científicas". O argumento é falacioso porque existem suficientes conhecimentos e fatos concretos que podem sustentar a tomada de decisões, aqui e agora. Entretanto, os representantes do grande capital e os tecnocratas, alegando defender os interesses da economia, rejeitam a adoção de medidas elementares tais como o PPP – princípio poluidor pagador e o da precaução.

O PIB reflete somente uma parcela da realidade, distorcida pelos economistas – a parte envolvida em transações monetárias. Funções econômicas desenvolvidas nos lares e de voluntários acabam sendo ignoradas e excluídas da contabilidade. Em conseqüência, a taxa do PIB não somente oculta a crise da estrutura social, mas também a destruição do *habitat* natural – base da economia e da própria vida humana. Paradoxalmente, efeitos desastrosos são contabilizados como ganhos econômicos. Crescimento pode conter em seu bojo sintomas de anomia social.

A onda de crimes nas áreas metropolitanas impulsiona uma próspera indústria de proteção e segurança, que fatura bilhões. Seqüestros e assaltos a bancos atuam como poderosos estimulantes dos negócios das companhias de seguro, aumentando o PIB. Algo semelhante ocorre com o ecossistema natural. Quanto mais degradados são os recursos naturais, maior o crescimento do PIB, contrariando princípios básicos da contabilidade social, ao considerar o produto de depredação como renda corrente.

O caso da poluição ilustra ainda melhor essa contradição, aparecendo duas vezes como ganho: primeiro, quando produzida pelas siderúrgicas ou petroquímicas e, novamente, quando se gastam fortunas para limpar os dejetos tóxicos. Outros custos da degradação ambiental, como gastos com médicos e medicamentos, também aparecem como crescimento do PIB.

A contabilidade do PIB ignora a distribuição da renda, ao apresentar os lucros enormes auferidos no topo da pirâmide social como ganhos coletivos. Tempo de lazer e de convívio com a família são considerados como a água e o ar, sem valor monetário. O excesso de consumo de alimentos e os tratamentos por dietas, cirurgias plásticas, cardiovasculares, etc. são outros exemplos da contabilidade, no mínimo bizarra, sem falar dos bilhões gastos com tranqüilizantes e tratamentos psicológicos.

A onda crescente de desemprego, que se alastra nos países latino-americanos, além dos efeitos psicológicos e sociais devastadores na vida dos indivíduos, seus familiares e comunidades, repercute também negativamente nas respectivas economias nacionais. Somando os efeitos de políticas macroeconômicas perversas com os da política salarial e trabalhista, sob forma de flexibilização e precarização dos contratos de trabalho, ocorre uma transferência de parcelas crescentes da renda nacional para o capital, com as proporcionais perdas na renda do trabalho.

Perscrutando o horizonte de 2004

O título sugere um exercício de prospectiva a partir de uma análise do momento histórico atual. Vivemos um período de grandes transformações, em todas as esferas da vida social e cultural, e todas as mudanças trazem em seu bojo elementos de incerteza e insegurança quanto ao dia de amanhã. "O futuro não está mais ali", ou seja, não se tem mais previsibilidade dos acontecimentos. Como dizia um filósofo no século dezenove, (...) "tudo que é sólido se desmancha no ar", traduzindo o clima geral de dúvidas e desorientação presente em nossa sociedade.

Partimos do contexto histórico-estrutural que configura a trajetória das sociedades contemporâneas, em suas lutas pela emancipação social e cultural. Terminou a era de confrontação bipolar, com o desmoronamento da ex-União Soviética. Alguns historiadores, precipitadamente, anunciaram "o fim da História" e a vitória final do capitalismo.

Entretanto, ignorou-se a ascensão e expansão do capital financeiro que se apropria do Estado e submete-o aos seus interesses, na busca incansável por mais lucros exorbitantes. Não recua diante da depredação do meio ambiente e da exploração desenfreada da mão-de-obra, mediante a flexibilização e precarização do trabalho.

Em sua penetração em todos os rincões do globo, o capital financeiro destrói as comunidades tradicionais e empobrece as populações rurais e urbanas. Enquanto estimula um individualismo consumista desenfreado, causa exclusão em massa, por meio do desemprego e do subemprego de centenas de milhões de pessoas. Porém, assim potencializa a acumulação e reprodução de capital que concentram o poder decisório nas mãos de poucos gestores e executivos, cujas tão badaladas eficiência e competência ficaram profundamente estremecidas por uma série de operações ilegais e escusas (vide os casos da Enron, World Com, Tyco, Vivendi e Parmalat) que causaram prejuízos incalculáveis aos consumidores, acionistas, empregados e à economia em geral.

No cenário internacional, a centralização do poder econômico, político e militar ficou configurada pela conquista de hegemonia norte-americana após a 2ª Guerra Mundial. A concentração de poder em um só país desequilibrou as relações internacionais e tornou a ordem mundial extremamente vulnerável. Constitui uma ironia da História que a primeira nação democrática do mundo (vide a descrição entusiástica de Alexis de Tocqueville, na primeira metade do século XX) transformou-se no carrasco de regimes legalmente constituídos, particularmente na América Latina. A ficha "negativa" aponta para inúmeros golpes de estado ou invasões, estimulados ou financiados pelos Estados Unidos, na Guatemala, Nicarágua, Granada, Cuba, Panamá, Brasil e Chile e, mais recentemente, na Venezuela. A irresponsabilidade dos governantes da maior potência mundial, que se arvoram em defensores da democracia representativa, ficou ilustrada pelas recentes guerras de devastação, no Afeganistão e Iraque. A propalada reconstrução, embora proporcione lucros enormes às empresas americanas, irá arrastar-se por décadas, sacrificando as atuais e futuras gerações desses países.

O que não foi percebido, ou devidamente interpretado, é a ascensão da China continental como nova superpotência que, junto com o Japão, induziram o deslocamento do eixo geo-econômico principal do Atlântico para o Pacífico, com conseqüências dificilmente previsíveis, para o novo século.

Afinal, nos últimos séculos, a história da vida econômica, cultural e política desenvolveu-se nas margens do oceano Atlântico.

Um dos aspectos mais significativos da reorganização econômica e estratégica do mundo atual é o deslocamento de seu eixo principal para as bordas do Pacífico.

Essas transformações políticas ocorrem quase simultaneamente com a expansão e penetração do capital em praticamente todos os territórios do mundo, integrando atividades econômicas e culturais em escala planetária. Diariamente, circulam pelo espaço virtual mais de US$ 1 trilhão, sem fiscalização ou controle, arruinando pequenas empresas e devastando as poupanças populares, enquanto se faz a fortuna de poucos privilegiados.

Mais grave ainda, cresceu a tendência à polarização e exclusão, dentro e entre as sociedades, mesmo as mais ricas, revelando os paradoxos e contradições do desenvolvimento capitalista. O Produto Mundial Bruto (PMB) – total das riquezas produzidas anualmente no mundo – ultrapassou os 30 trilhões de dólares, mas o número dos que vivem abaixo da linha de miséria absoluta passou de um bilhão de pessoas. Nunca se produziram tantos alimentos e nunca houve tantos famintos em todos os continentes, sobretudo na África, América Latina e Sul da Ásia. Gastam-se somas fabulosas em pesquisa científica e desenvolvimento tecnológico, enquanto cresce o número de analfabetos e ignorantes.

Embora o progresso técnico proporcione os meios de aproximação entre povos e culturas, criando verdadeiras redes globais de informação e comunicação, ideologias retrógradas e fanáticas inspiram lutas fratricidas em um círculo vicioso de violência.

Como explicar esse recrudescimento da intolerância e da violência, de perseguições e massacres, em escala e proporções inimagináveis, neste "fim da História"? Parte da responsabilidade pelo descalabro da ordem mundial deve ser atribuída ao fracasso das promessas de "desenvolvimento" sob a égide do Estado-nação. Os países retardatários no desenvolvimento nacional capitalista não foram capazes de superar o fosso que separa os pobres dos ricos, os ignorantes dos instruídos, os fracos dos poderosos. O desencanto do Estado, da política e das ideologias secularizadas, abriu as portas a um retorno em massa à fé religiosa, em sua forma mais militante e fundamentalista, que não somente rejeita o diálogo, mas nega aos "outros" o direito a uma existência pacífica e produtiva.

Não podemos deixar de apontar os problemas sociais do processo de modernização, conseqüência das transformações tecno-econômicas, e fator agravante da tendência à polarização e exclusão. São amplamente conhecidos os efeitos do progresso técnico que libera a mão-de-obra, historicamente expulsa ou transferida da agricultura para a indústria e desta para o setor de serviços, nas últimas décadas. O advento de um novo paradigma tecno-econômico, exigindo menos matéria-prima, energia e espaço para máquinas e equipamentos automatizados, expulsa inevitavelmente mão-de-obra, com poucas possibilidades de resgate e reincorporação ao processo produtivo. É verdade que, no início do século dezenove, os operários na indústria têxtil da Inglaterra passaram por problemas semelhantes, o que os levou a destruir as máquinas que roubaram seus empregos e o pão de seus filhos.

Não é possível retornar a roda da História. Os incontáveis sacrifícios e sofrimentos impostos às populações trabalhadoras, os custos não contabilizados da depredação de comunidades rurais e urbanas, tudo isso resultou na perda de valores e costumes tradicionais, diante do avanço impetuoso de um estilo de vida que enaltece a competição, o individualismo e o consumismo desenfreados, e parecem indicar os limites da missão civilizatória do capitalismo.

A internacionalização da economia, a desregulação e a liberalização do comércio enfraqueceram as bases do Estado-nação, que perde paulatinamente sua posição de marco de referência jurídico-legal e político, com base no qual se organiza a vida em sociedade. Incapaz de atender às necessidades básicas de contingentes crescentes da população, dos desempregados, desabrigados e dos sem acesso à educação e cultura, o Estado também não consegue mais arrecadar recursos suficientes para prover empregos e cuidar da segurança de seus cidadãos. Seguindo as injunções do neoliberalismo, num *laissez faire, laissez passer* perverso, não se planeja mais investimentos de maneira integrada e racional, visando promover o desenvolvimento setorial, regional e nacional.

No mundo globalizado e informatizado, o que faz a força das comunidades modernas é a qualidade de vida de suas populações, aferida pelos índices de desenvolvimento humano, a educação, a liberdade (e responsabilidade) de seus cidadãos que encontram no legado histórico, nas tradições e nos valores éticos de sua cultura as razões mais fortes para se manter unidos e solidários. São essas nações livres, mais igualitárias e autônomas, que são capazes de estabelecer laços de cooperação, num espírito de respeito aos "outros", de cor, religião ou cultura diferentes e com mais propensão a apoiar os esforços de desenvolvimento humano entendido como "liberdade de opção", em todas as regiões do mundo e em todas as esferas da vida.

E O BRASIL — AONDE VAI?

Contrariamente às expectativas da maioria da população brasileira, que levou o PT ao poder nas eleições de 2002, este embarcou numa linha de política, econômica e social que representa a continuidade e até o aprofundamento da política seguida pelo governo de FHC. O capital financeiro mantém sua posição hegemônica e continua a auferir lucros exorbitantes, enquanto prossegue a exploração desenfreada dos trabalhadores e, crescentemente, também da classe média, ameaçados pelo desemprego e pela precarização das relações de trabalho.

Passado o primeiro ano do governo Lula, continua a sangria dos recursos do país, sob forma de pagamentos de juros das dívidas externa e interna; a depredação do meio ambiente e a redução da massa salarial, agravados pelo corte de gastos sociais, a fim de assegurar o famigerado superávit fiscal.

Apesar dos discursos bombásticos de Lula no exterior, clamando por uma partilha mais justa entre desenvolvidos e "emergentes", no cenário nacional o governo do PT segue a política de ortodoxia financeira pautada pelo FMI. Implicitamente, o governo confia numa nova onda de liquidez e afluxo de capital estrangeiro, atraído pelas altas taxas de juros e os baixos salários da força e trabalho. Insensível ao clamor público, na busca ilusória de uma saída pelo aumento das exportações, os governantes parecem ignorar a opção pelo mercado e poupança internos, capaz de assegurar aos deserdados os direitos básicos, econômicos e sociais, sobretudo empregos com salários decentes, em vez dos pífios programas assistencialistas de "alívio da pobreza".

Essa política aprofunda a crise da esquerda brasileira, e coloca na ordem do dia a criação de novos movimentos sociais que lutem pela superação da dominação de classes baseada na pseudo-democracia representativa, historicamente controlada pelo grande capital, a tecnocracia civil e militar e os conglomerados da mídia. Ao limitar suas metas a taxas de crescimento do PIB, das exportações e do saldo superavitário, sem vislumbrar uma redistribuição da renda e a inclusão de todos como cidadãos-sujeitos de sua história, o PT abre mão de sua responsabilidade histórica de intervir como agente catalisador das transformações exigidas pela sociedade brasileira.

Desenvolvimento sustentável nas regiões semi-áridas

O tema "Mudanças Climáticas e Desenvolvimento Sustentável nas duas categorias Semi-Áridas" insinua a existência de uma relação causal, linear e direta entre duas categorias de fenômenos completamente distintos, cuja interação está mediada, em diferentes níveis e graus, por processos e fatores culturais, tecno-científicos, econômicos e políticos. Sem apontar essa complexa teia de inter-relações que só podem ser apreendidas dentro de uma visão sistêmica, multidisciplinar e integrada, os diagnósticos se revelam simplistas, parciais. E também, os prognósticos e eventuais propostas sobre eles construídos ou derivados serão inadequados ou irrelevantes para as mudanças que se queira induzir.

Seriam essas variáveis menos importantes? Ou se trataria de um viés inerente à visão dos pesquisadores especializados nas diversas áreas de investigação das ciências naturais e exatas?

A maioria dos trabalhos, baseados num raciocínio cartesiano e quantitativo, leva a projeções e extrapolações no mínimo polêmicas, por omitirem os atores sociais, seus valores, comportamentos e visões de mundo diferentes. As atitudes e crenças dos atores envolvidos nos processos de desertificação, das secas, e nos projetos que visam combatê-los, constituem parte inseparável da problemática, sobretudo quando se pretende apresentar e encaminhar soluções. Outra dúvida se refere à continuidade ou seqüência das ações, no sentido de uma intervenção planejada e racional para reduzir impactos negativos ou até eliminar riscos atuais e futuros.

O estágio atual de conhecimento alcançado e a situação dramática em que se encontram milhões de pessoas nas regiões semi-áridas não permitem mais o hiato tradicional entre a produção do conhecimento e de sua eventual utilização pela sociedade. Geralmente, os pesquisadores consideram sua tarefa concluída com a confecção do relatório ou a apresentação e defesa de dissertação ou tese, enquanto os flagelados continuam a sofrer e a morrer.

Postula-se, como condição *sine qua non* de eficácia dos projetos e programas que visam a minorar os efeitos das recomendações, o acompanhamento ex-durante e a avaliação *ex-post*, com a participação ativa das populações atingidas.

Cabe à universidade um papel central na concepção e no desenvolvimento de projetos tipo "pesquisa-ação", estabelecendo vínculos dinâmicos, nas fases de planejamento e de gestão, com os próprios interessados – as populações atingidas pelas calamidades ou catástrofes "naturais".

Urge colocar a competência e o saber a serviço de objetivos sociais, que exigem um posicionamento político dos cientistas e acadêmicos. Não é mais possível manter-se a suposta neutralidade e isenção política dos cientistas, por um lado, nem as atitudes paternalistas ou assistencialistas, por outro.

Os princípios elementares da dinâmica social nos ensinam que não basta trabalhar "para", mas é preciso trabalhar "com" as populações envolvidas nos diferentes projetos. E estas se mobilizam movidas não somente por interesses e objetivos materiais. A legitimação do exercício do poder, em qualquer organização social, é obtida mediante objetivos e metas que levem os atores à formação de uma identidade grupal e despertem anseios, aspirações e padrões de conduta de solidariedade e cooperação, fundamentados em um conjunto de símbolos, crenças e valores socioculturais. É esta vontade ou aspiração coletiva que é capaz de conter a destruição do meio ambiente, por um lado, e induzir mudanças significativas nas estratégias e diretrizes de desenvolvimento, por outro.

Não se pretende advogar aqui uma postura sociológica reducionista. Sem dúvida, o conhecimento científico especializado é fundamental para o equacionamento e o encaminhamento de soluções, cuja exeqüibilidade e viabilidade serão avaliadas e decididas na arena política. A história do Nordeste é também a da "indústria da seca", a evolução de uma "cultura" e de relações sociais que sempre permitiram a manipulação e a apropriação de recursos públicos pelas elites, e cujas políticas paternalistas e assistencialistas (distribuição de cestas básicas, abertura de frentes de trabalho, etc.) apenas servem para manter o *status quo*.

Ao analisar os problemas relacionados às mudanças climáticas e equacionar estratégias de desenvolvimento sustentável, indagações fundamentais são geralmente omitidas, tais como:

• quais as premissas subjacentes aos diagnósticos, prognósticos e propostas de diretrizes para o combate aos desastres climáticos?

• quais são as ações relevantes para a transformação da situação nas regiões semi-áridas que, de fato, é insustentável?

• quais os mecanismos e instrumentos que podem ser utilizados para enfrentar os desafios criados pelo modelo predador de exploração dos recursos naturais?

A consecução de um desenvolvimento que seja efetivamente sustentável, pela simples retomada do crescimento econômico convencional, combinado com medidas de proteção do meio ambiente (contabilização de custos ambientais, cobrança de custos de restauração, etc.), representa uma autoilusão ou uma mistificação. A distribuição desigual dos recursos e oportunidades é considerada fenômeno natural e "imexível", enquanto o *trickle-down effect* não funciona e, portanto, nada mudará na situação dos menos favorecidos, os quais são sempre ignorados nas decisões e práticas políticas do poder.

Para esse processo, em que ciência e tecnologia se tornem instrumentos indispensáveis, quando postos a serviço da transformação social, constituem condições necessárias:

• a mobilização e organização dos atores sociais em associações autônomas de todos os tipos;

• a formação de identidades grupais, comunitárias, políticas ou religiosas, cujas ideologias, símbolos, crenças e valores criam laços de solidariedade e estimulam a cooperação em prol de metas comuns;

• a formulação de um conjunto de reivindicações política e econômica que, refletindo um mínimo de consenso entre os diversos estratos sociais, exercem pressão sobre os governos locais, regionais e nacional, obrigando-os a pautar suas políticas e alocar os escassos recursos de acordo com a vontade e as aspirações da maioria da população.

Ao admitirmos a composição heterogênea do sociopolítico, superamos o falso dilema Norte-Sul e somos levados a focar e analisar as resistências às mudanças internas, a má alocação ou ao desperdício de recursos financeiros em projetos faraônicos, e a depredação impiedosa de recursos naturais, acompanhada por uma insensibilidade total com o destino dos "recursos humanos". Bastaria examinar o tratamento dispensado aos usineiros do Nordeste, o perdão da dívida dos cafeicultores, os financiamentos concedidos aos grandes complexos industriais dentro do PROCAP, etc., para identificar as prioridades de alguns governos na alocação de recursos escassos.

Tão importante quanto a discussão de relatórios técnicos e científicos, é a do sistema sociopolítico mais adequado à consecução de um desenvolvimento mais sustentável, entendido como um processo que deva assegurar empregos, renda, bens, serviços e condições de vida básicos, assim como condições para o exercício pleno da cidadania (acesso à educação e a informações corretas e relevantes, além de mecanismos que permitam a participação efetiva dos cidadãos nos processos decisórios e de fiscalização, etc.) para todos, e não apenas para uma minoria.

Para induzir um processo de mudança política e cultural, não é necessário advogar uma "revolução", aliás fora de moda, embora pareça salutar uma boa sacudida nas elites para que deixem os padrões de consumo de desperdício, retomem os investimentos e assumam um comportamento mais austero e ético com relação à distribuição do produto social e à administração dos serviços públicos.

Um estilo de vida mais racional e moral, além dos impactos benignos no meio ambiente (diminuição de emissões poluidoras, restauração de ambientes degradados, proteção da fauna e flora e preservação da biodiversidade, bem como do patrimônio cultural) serviriam também como exemplo de conduta para as outras camadas da população. Estas, assoberbadas por problemas e profundamente mergulhadas na luta pela sobrevivência diária, são pouco sensíveis a argumentos sobre hipotéticos impactos de mudanças climáticas, num futuro distante.

Ultrapassando a dicotomia caricata entre o *Big Brother* (George Orwell) e a "mão invisível" (Adam Smith), devemos encarar o mercado não como uma instituição meramente econômica para a alocação mais racional de recursos, por definição sempre escassos, mas também como uma instituição política e cultural.

Revisitando o "milagre" japonês

Antecedentes Históricos

No mês de julho passado transcorreu o sesquicentenário da abertura forçada do Japão, sob a ameaça das canhoneiras do Commodore Perry, ao comércio e as relações internacionais. Durante 250 anos, os *shoguns* exerceram com rigor e determinação uma política de reclusão, fechando o país aos contatos com o exterior. Ameaçados pela artilharia da frota norte-americana, resolveram baixar as barreiras e abrir o país ao comércio com o mundo. Decorrido um século e meio, o Japão se transformou em uma potência econômica, ultrapassando os países capitalistas tradicionais (Alemanha, Grã Bretanha, França) e consolidou-se como o maior credor do mundo, enquanto alcançou uma renda per capita maior que 30 mil dólares anuais.

A história da modernidade é rica em ensinamentos sobre a ascensão e o declínio de impérios baseados na acumulação irrefreada de riquezas materiais, iniciada por conquistas militares, com a subjugação e posterior exploração de outros povos. Às conquistas dos portugueses e espanhóis do século XVI seguiu-se a expansão holandesa, crescentemente contestada até que foi, finalmente, substituída pelas conquistas dos franceses e britânicos. O império britânico atingiu seu apogeu no século XIX, entrando em decadência a partir da Primeira Guerra Mundial, quando foi inaugurado o século de supremacia norte-americana, contestada, sem sucesso, pela URSS (União das Repúblicas Socialistas Soviéticas) durante aproximadamente trinta anos.

Depois de assimilar rapidamente a tecnologia ocidental, o Japão despontou, no início do século XX, como potência industrial e militar. Em 1905, derrotou a Rússia Czarista que na época tinha o maior exército do mundo. Apesar da derrota e destruição na 2ª Guerra Mundial, o ritmo de reconstrução foi espantoso, a ponto de vários analistas especularem: "Será o Japão a próxima superpotência?"

A discussão nos leva a destacar as relações sociais e políticas como fatores determinantes da paz e da estabilidade na trajetória de povos e sociedades... Desigualdades gritantes e ilegítimas levam a tensões e conflitos internos que enfraquecem a estrutura social e sua capacidade de resistência a conquistadores ou competidores externos. Se alguma lição pode ser extraída da história antiga e contemporânea, seriam as evidências sobre sociedades solidárias, "boas" no sentido de solidariedade e cooperação de seus cidadãos e que não foram necessariamente as mais ricas. Daí é lícito inferir que a riqueza material certamente não será condição suficiente para construir-se uma sociedade "boa". Os casos de desenvolvimento mais sustentável ou "durável" são de sociedades que souberam construir uma relativa união ao redor de metas e objetivos comuns, com respaldo em valores compartilhados que atuam como motivadores poderosos, inspirando ações coletivas, em tempos de guerra e de paz.

A fim de promover uma sociedade sustentável orientada e coordenada por lideres "virtuosos", a meta de crescimento econômico – fator dinâmico de transformação social e política – deve ser combinada com um esforço permanente de reconstrução social, visando despertar nos membros da polis (a entidade política) um senso de pertencer e de identidade. Assim, a população será motivada a vislumbrar o desenvolvimento como tarefa coletiva em que cada um (a) estará disposto a assumir uma parte dos sacrifícios necessários. Donde se conclui que os valores sociais, transmitidos ao longo das gerações, e constantemente reforçados pelos costumes, padrões de comportamento, normas e leis que regem o convívio social, inclusive o sistema formal e informal de educação, são de importância fundamental para a análise e interpretação dos processos políticos e culturais.

Historicamente, as tarefas de estabelecer padrões mínimos de consumo e definir prioridades de investimentos foram desempenhadas pelo Estado, sustentado por uma burocracia civil e militar com *ethos* próprio e distinto do resto da sociedade. Contudo, no mundo ocidental, com a ascensão das grandes corporações privadas e públicas, o Estado está perdendo seu poder de regulador e de arbítrio dos conflitos sociais. Seu enfraquecimento e o descalabro da administração pública, agravados pela perda de arrecadação e o fracasso das políticas cambial e fiscal, fragilizaram seu poder decisório e abriram espaço para a disputa por posições de mando político aos atores sociais mais dinâmicos.

No caso do Japão, o Estado desempenhou um papel central no processo de modernização e industrialização, desde o período Meiji, em meados do século XIX, demonstrando ao resto do mundo que não era necessário abraçar e render-se à cultura ocidental, para transformar as bases de sua economia. Depois de absorver a cultura, a filosofia e a tecnologia chinesas durante quase um milênio, o reino dos Tokugawa preconizou e praticou o isolamento completo do resto do mundo, até 1853. Diante da superioridade técnica dos ocidentais, as elites japonesas resolveram que, para resistir e expulsar os bárbaros, seria necessário apropriar-se de seu *know how* técnico e prático.

O "milagre" japonês – país de desenvolvimento tardio que chegara atrasado à repartição do mundo entre as potências colonizadoras européias, tem raízes em padrões sociais persistentes ao longo de sua história, que se tornaram relevantes para o desenvolvimento industrial capitalista no século XIX. O país adotou, num primeiro estágio, políticas econômicas orientadas para o mercado interno, com forte presença do Estado como mentor do processo, proporcionando, além de infra-estrutura em energia e transportes, os quadros de uma administração pública bem preparada e eficiente.

Contradições internas e pressões externas no processo de acumulação e expansão levaram o Japão imperial à participação nos dois grandes conflitos mundiais, em busca de conquistas territoriais. Aliado da Alemanha nazista na Segunda Guerra, foi derrotado e totalmente destruído pelos bombardeios norte-americanos. Após a reconstrução, chamada inapropriadamente de "milagre", o Japão ocupa posição privilegiada no Extremo Oriente e no mundo, com sua economia dinâmica (até 1990) e sua moeda como reserva de valor universal.

Sendo dotado de poucos recursos naturais e fontes de energia, é impossível explicar a recuperação econômica e os avanços significativos na estabilidade política pelos modelos ou teorias convencionais. Isto nos leva a formular uma hipótese sobre o peso e a relevância do fator humano em suas múltiplas e variadas dimensões, particularmente a força de trabalho, sua formação, treinamento e disciplina, bem como os padrões de comportamento e os valores sociais que regem o convívio e as relações entre os diferentes atores sociais.

O determinismo econômico, tão enfatizado pelas doutrinas marxista e neoclássica, é insuficiente para dar conta da complexidade do sistema caracterizado pela interação de múltiplos fatores culturais, econômicos e políticos. Os mecanismos e valores indutores de identidade, coesão e solidariedade devem merecer atenção privilegiada dos estudiosos, por elucidarem os processos de mobilização e motivação fundamentais para as ações coletivas. Sem essa dinâmica, o processo de desenvolvimento permanece truncado ou desvirtuado, como demonstram as fortunas acumuladas durante as crises de petróleo nos anos 70, pelos países árabes, posteriormente dissipadas por um consumo supérfluo ou no conflito armado entre Iraque e Irã.

Não basta induzir um crescimento vigoroso da economia, sem uma determinação férrea sobre o aproveitamento racional do excedente do produto social. O papel das elites torna-se fator estratégico: determinadas a impulsionar o processo de desenvolvimento, poupam e reinvestem seus ganhos decorrentes das atividades comerciais e industriais lucrativas.

O que teria funcionado como poderoso fator de motivação nos séculos passados (vide, por exemplo, a influência do Protestantismo na expansão comercial da Holanda e Grã-Bretanha), poderá também funcionar, neste início de século XXI, em plena era de globalização e de investimentos voláteis no espaço internacional, sem deter-se nas fronteiras nacionais? Neste ponto, cabe um comentário sobre o papel das doutrinas religiosas e nacionalistas que surgiram sob forma de fundamentalismo, na segunda metade do século XX.

Uma retrospectiva da História mostra que o fervor religioso em si não constitui fator de desenvolvimento social e, menos ainda, de emancipação individual. Refletindo as frustrações das massas diante dos fracassos da modernização, quando não as manipula, nelas ressuscita crenças messiânicas ou de fim de mundo, inibindo movimentos de libertação social e de afirmação de autonomia individual.

Por outro lado, o desmoronamento da ex-União Soviética leva-nos a especular sobre a educação universal gratuita e uma forte base científico-tecnológica, que podem constituir condições necessárias para um complexo industrial-militar, mas certamente não serão suficientes para a construção de uma sociedade sustentável. Sobretudo quando o processo for controlado e orientado por um aparato burocrático-policial, totalitário e esmagador de iniciativas criativas, individuais e coletivas.

A tecnologia de ponta, considerada fator decisivo do crescimento econômico e da eficiência militar, não evitou a derrota das forças armadas norte-americanas diante dos soldados – camponeses descalços – do Vietnam. Voltando ao caso do Japão: suas elites demonstraram capacidade de absorção, incorporação e inovação tecnológica, que proporcionavam suporte ao crescimento econômico acelerado. Fosse somente a importação e cópia de tecnologias alienígenas, a dinâmica do processo seria incompleta. A semente caiu em solo fértil, ou seja, encontrou uma infra-estrutura que viabilizou a absorção, adaptação, incorporação e assimilação, a partir das quais foi possível partir para inovações autóctones.

A orientação básica de valores de uma organização social configura e molda o comportamento individual, assegurando a persistência das relações sociais, mesmo em épocas de transformações e crises econômicas. Identidade e estabilidade social são produtos da institucionalização de valores ou ideais sociais, que podem ser propícios ou resistentes às tentativas de modernização.

Persistência e mudança de valores

Apontamos a seguir alguns dos padrões e valores da sociedade japonesa que lhe permitiram efetuar o salto para a modernidade. De cultivadores de arroz a líderes de indústria e de finanças no mundo da globalização, sem romper os elos com as normas de conduta e os valores tradicionais.

Até que ponto persistem as vantagens socialmente construídas do modelo japonês? Sem dúvida, a educação formal generalizada, a disciplina e obediência fundamentadas num profundo respeito às autoridades constituídas, foram favoráveis quando postos a serviço do crescimento econômico, contribuindo para a formação de um *ethos* que reforça a identidade, orgulho e solidariedade nacionais. Contudo, as condições objetivas da prosperidade e expansão da economia japonesa tendem a enfraquecer à medida que suas maiores e mais dinâmicas empresas forem impelidas a multiplicar e descentralizar seus investimentos em escala global, sobretudo nos mercados integrados que ameaçam com barreiras protecionistas.

Quando devem enfrentar a concorrência dos conglomerados ocidentais, as exportações de produtos japoneses passam a sofrer a competição de *late comers* – os países de industrialização tardia, cuja mão-de-obra, embora diligente e barata, alcança níveis de produtividade semelhantes aos dos trabalhadores japoneses. Ademais, a abertura crescente ao mundo externo, a redução da jornada de trabalho e as mudanças de padrões de comportamento induzidas pelo próprio governo, no sentido de estimular níveis de consumo e de lazer mais elevados, tendem a reduzir as margens de lucro e, assim, os níveis de poupança e de investimentos que sustentaram os esforços e a dinâmica de reconstrução e crescimento ao longo das últimas décadas.

No período do pós-guerra, as empresas japonesas conseguiram desenvolver um tipo de relacionamento entre os trabalhadores e a gerência que foi propício à obtenção de índices crescentes de produtividade e qualidade. Estimulou-se a lealdade e dedicação dos empregados à empresa, por meio de um conjunto de vantagens concedidas, como o emprego vitalício, melhoria dos salários e uma participação – efetiva ou manipulada – nas decisões que afetam a vida de toda a organização. A necessidade de preservar a harmonia do grupo induz os indivíduos a esconderem seus verdadeiros sentimentos (*honne*), revelando apenas a máscara (*tatemae*) ao alinhar-se com a posição dos chefes.

A união assim produzida em torno de um projeto leva ao sentimento de responsabilidade compartilhada, evitando o risco de um fracasso ser atribuído a um "bode expiatório", com profundas repercussões sobre o moral de toda a organização. Essa orientação para o coletivo manifesta-se, também, em toda a trajetória dos trabalhadores japoneses.

Recrutados ao sair do colégio ou da universidade, recebem um treinamento e orientação que exige, muitas vezes, o sacrifício da vida pessoal. São contratados nem tanto pelo talento ou as habilidades, mas pela aptidão e prontidão para aceitar e conformar-se à filosofia da empresa. É no local de trabalho, segundo a doutrina dominante, que se obtém auto-estima e satisfação, e não nas realizações pessoais.

Na organização da sociedade japonesa, prevalece o padrão hierárquico de senioridade, diferente das sociedades ocidentais, baseadas no princípio do mérito e do *status* atribuído. A unidade básica da sociedade é o lar da família, e cada empresa se considera uma família extensa da qual partilham todos os empregados, sendo o empresário ou o executivo seu chefe natural. O grupo assim formado caracteriza-se pela homogeneidade e exclusivismo, o que gera entre seus membros sentimentos de identidade, segurança e autovalorização, ancorados numa conscientização de "nós" contra os "outros", refletida também no conceito desfrutado pela empresa. O prestígio e a reputação dos empregados não são determinados por fatores econômicos apenas (faturamento, lucros ou ativos), mas até um operário não qualificado ganha *status* como empregado de um prestigioso conglomerado. Assim, o prestígio social de um grupo ou organização de trabalho tem peso decisivo na determinação do *status* pessoal de seus membros na sociedade mais ampla.

A competição entre as pessoas e as empresas é travada horizontalmente, em todos os níveis, entre os pares que operam no mesmo ramo ou setor. Assim, enquanto se estimula o antagonismo contra os "outros" da mesma classe ou nível, ficam fortalecidos a hierarquia e os laços de solidariedade vertical, em cada organização ou unidade do vasto sistema produtivo e social. Cria-se um clima de harmonia e de responsabilidade mútua nas empresas e na sociedade, que contribui poderosamente para o *ésprit de corps* coletivo, enquanto se alimenta uma hostilidade mal disfarçada em muitos aspectos da vida social. Segundo a socióloga Chie Nakane (1985), as mudanças decorrentes da urbanização e industrialização não teriam afetado a estrutura tradicional e as relações informais.

Em um lar japonês tradicional, opiniões e decisões de seus membros são tidas como unânimes, ou seja, todos aceitam a opinião do chefe e qualquer contradição será considerada imprópria, por perturbar a ordem e a harmonia do grupo. Transferido para o âmbito da empresa, empregado e empregador consideram a relação como totalmente envolvente (*marugakae*), semelhante à família. Ainda segundo Nakane, essa característica se verifica desde o período Meiji até o presente, o que explicaria o imobilismo do trabalhador japonês.

O sistema de emprego vitalício – introduzido no período pós-guerra, com o beneplácito do Estado – revela vínculos estreitos e características estruturais e ideológicas com a administração dos lares e das empresas e forma a base para o envolvimento e a participação dos indivíduos, enfatizando-se a maior importância de atitudes morais e patrióticas. O sentido de coesão e unidade grupal forma a base para o envolvimento e a participação emocional dos indivíduos no grupo, construindo um mundo à parte, ao lado e em oposição aos de fora. Mais do que em outras culturas, na sociedade japonesa as relações com os "outros" são vistas como opostos dificilmente conciliáveis.

Convém frisar que as vantagens conquistadas pelas empresas japonesas no setor industrial não se basearam apenas em tecnologias "duras" superiores. Quase todas as inovações revolucionárias das últimas décadas se originaram em pesquisas básicas realizadas fora do Japão. Mas as empresas japonesas demonstraram uma capacidade incomum de aplicar tecnologias pesquisadas e desenvolvidas alhures, e uma habilidade de lucrar mais rapidamente com sua utilização. Em retrospectiva e, à luz dos resultados, essa foi certamente uma política tecnológica "apropriada" para a sobrevivência e a competitividade das empresas japonesas nos mercados internacionais.

A infra-estrutura tecnológica é fruto de um clima social propício à inovação e ao trabalho criativo, realizado por uma força de trabalho bem treinada e disciplinada que encara as tarefas manuais e técnicas com orgulho e satisfação profissionais.

O ambiente social, ou a estrutura das relações sociais na família, na escola, nas empresas e nas instituições, reforça atitudes de responsabilidade no serviço e de lealdade à empresa ou à organização. Dificilmente operários ou funcionários mudam de empresa em busca de melhores salários ou de carreira mais rápida. Simplesmente, mais do que uma relação contratual, o emprego é carregado de uma ligação emocional, como se fosse uma extensão da vida no lar, com todas as conotações de aprovação moral e social. No ocidente, o indivíduo que infringe as normas sociais é considerado perturbado ou desajustado emocionalmente. Na sociedade japonesa, fundamentada na ética de trabalho em grupo, do indivíduo que perde esses vínculos sociais se diz que "não pertence".

Lições e perspectivas do Japão

No período pós-guerra, os japoneses aprenderam com seus concorrentes ocidentais e introduziram profundas transformações nas linhas de produção e nos processos de trabalho de seu país, entre as quais se destacam: a flexibilização das linhas de produção; o controle de qualidade total; a introdução do *kanban* (suprimento de insumos em tempo real, eliminando a necessidade de se manter grandes estoques) e a modificação das relações humanas nas empresas, com base num paternalismo benevolente e num sistema de consulta aos empregados. Mas a História não se desenvolve em linha reta: o que foi vantagem em um dado período pode criar tensões e conflitos em um novo contexto emergente.

O sistema de administração japonês, após mais de três décadas de sucessos invejáveis, passou a sofrer fortes pressões por mudanças. O envelhecimento da força de trabalho, a valorização do iene em relação ao dólar, a crise persistente da economia mundial e a fragilidade do setor financeiro japonês, tudo pressiona no sentido de mudar os padrões de conduta do povo japonês num mercado internacional extremamente competitivo e perturbado por movimentos especulativos.

O cenário pós-guerra viu emergir um novo paradigma tecno-econômico baseado na microeletrônica, com unidades de produção flexível, sistemicamente integrados e dinamizados por inovações incrementais, o que parecia representar uma combinação bem-sucedida de tecnologia "dura" com uma série de inovações organizacionais e administrativas, que resultaram em processos de trabalho mais eficientes. Seria isso suficiente para resistir aos impactos da globalização dos mercados, dos fluxos transnacionais de investimentos, da mobilidade do capital industrial e financeiro, numa corrida irrefreável por mercados estratégicos?

Convém lembrar que a opção pela grande organização industrial não tem favorecido o avanço dos direitos individuais. Discussões públicas sobre as decisões tomadas pelas autoridades são fenômenos raros, pois, segundo estudiosos, "o japonês, desde seu nascimento, é treinado para não virar a mesa".

Entretanto, em conseqüência da relativa afluência econômica e dos níveis educacionais alcançados, começam a surgir manifestações de individualismo. Ao contrário de seus pais, que ainda colocam a estabilidade no emprego como meta prioritária, os jovens procuram atividades profissionais capazes de lhes proporcionar satisfação pessoal.

Surge, também, uma nova consciência social, clamando por direitos dos idosos, das mulheres, das crianças e dos deficientes físicos e mentais, como expressão de uma aspiração generalizada e crescente por justiça social e defesa dos direitos humanos, em todos os setores da sociedade.

Iniciamos este texto com uma reflexão sobre a trajetória histórica e política do Japão, cuja população vivia em isolamento total do resto do mundo, até meados do século XX. Analisando seus avanços espetaculares no processo de integração à economia mundial capitalista, atingindo a posição de segunda potência industrial e financeira, no final do século XX, verifica-se que o Japão logrou essa façanha apesar de sua pouca extensão territorial e a ausência de recursos naturais e energéticos.

Em vez de um determinismo econômico pouco elucidativo, abrimos espaço para uma abordagem interdisciplinar, privilegiando as variáveis psicossociais. As normas e padrões de conduta, as relações de mando e poder tradicionais, constantemente reforçados pelo processo de socialização, e o sistema de educação formal, baseados em um conjunto de valores que asseguram a lealdade dos indivíduos ao grupo com o qual se identificam (ou, ao qual "pertencem"), resultando em adesão e solidariedade em todos os níveis da vida coletiva.

A combinação desses fatores com a conjuntura internacional e seus desafios; a capacidade, competência e dedicação da força de trabalho; a política de inovações incrementais procurando induzir melhorias graduais de *design*, processo, equipamentos, acabamento, etc, sem imobilizar vultosos recursos na pesquisa da fronteira científica e tecnológica; e a aliança tácita entre os sindicatos dos trabalhadores e a poderosa Keidanren (a associação dos dirigentes das empresas), devidamente sancionada pelo MITI – Ministério de Indústria e Comércio Internacional; todos esses elementos foram decisivos para o crescimento econômico e a elevação da qualidade de vida da população japonesa.

Seria isso suficiente para assegurar uma transição tranqüila para o novo contexto da globalização, no limiar do século e milênio? Vantagens conquistadas num período da História podem tornar-se obstáculos para vencer novos desafios, para os quais soluções e respostas fundamentadas em valores tradicionais mostram-se inadequadas.

Cultura, personalidade e identidade

O Conceito de Cultura

Apesar de muitas definições, existe um consenso entre os estudiosos que cultura refere-se àquela parte do ambiente produzida pelos homens, e por eles aprendida e utilizada no processo contínuo de adaptação e transformação da sociedade e dos indivíduos. Segundo Tylor (1874)[2], cultura é o conjunto de conhecimentos, crenças, artes, normas e costumes, e muitos outros hábitos e capacidades adquiridos pelos homens em suas relações como membros da sociedade.

Diferentemente do entendimento de cultura, pelo senso comum, como erudição ou etiqueta, a cultura nos apresenta uma série de paradoxos cujo estudo e interpretação nos aproximam da uma compreensão mais realista do fenômeno:

• a cultura, embora universal na experiência dos homens, apresenta-se em suas manifestações regionais com características únicas, portanto distintas;

• a cultura é estável, mas também dinâmica, apresentando mudanças contínuas;

• como a cultura configura e determina o curso de nossas vidas, sem necessariamente refletir nosso pensamento consciente?

O que distingue a espécie humana das outras é o fato de os seres humanos serem os únicos a "construir culturas" que

---

2. TYLOR, Edward B. *Primitive culture: researches into the development of mythology, philosophy, religion, art, and customs*. Nova York: Henry Holt, 1887, 2 vols.

possuem um certo número de características que embora universais também variam de uma sociedade para outra. Todas detêm algum equipamento tecnológico ou simbólico que lhes permite extrair de seu ambiente natural os meios para sobreviver mediante um sistema de produção e distribuição.

Todas as sociedades possuem certo tipo de relações de parentesco e associações não baseadas em laços de sangue e nenhuma funciona de modo anárquico, mas mantêm alguma forma de controle social. Todas têm uma filosofia de vida geralmente configurada por um sistema religioso. Cantos, danças, expressões gráficas e plásticas proporcionam vivências estéticas, enquanto a linguagem funciona como transmissor de idéias. Por último e não menos relevante, todas as sociedades possuem um sistema de sanções e valores que confere significados à vida e garante a coesão e solidariedade dos membros do grupo.

Para apreender a dinâmica da evolução cultural é fundamental conhecer seu passado, as tradições e as transformações que construíram a cultura particular de uma tribo, comunidade ou sociedade.

Essa cultura é um mecanismo dinâmico e adaptativo garantindo a sobrevivência de seus portadores – os membros do grupo social específico. Sua função básica é manter a coesão do grupo, resistindo às mudanças trazidas por processos econômicos e políticos, internos e externos. Ao incorporar normas, costumes, atitudes e valores do mundo externo por meio de aculturação e assimilação, a cultura se transforma para assegurar a sobrevivência de seus portadores.

Por meio de contatos e interações com outros grupos ao assimilar ou resistir aos hábitos, atitudes e valores dominantes, surgem tensões e conflitos que têm caracterizado a evolução histórica da humanidade.

Sempre há conservadores que resistem aos novos padrões culturais, sobretudo quando afetam o código moral e a estrutura familiar, enquanto inovações tecnológicas e bens de consumo são mais facilmente assimilados. Mas esses aspectos aparentemente materialistas da cultura não podem ser separados das dimensões filosóficas e psicológicas da vida, que nos revelam os significados mais profundos da cultura na formação da mentalidade humana.

Sendo a parte "aprendida" do comportamento humano, a cultura em seus variados aspectos dá "sentido" para a vida dos seres humanos, que se comportam de acordo com as normas e valores, ordenados e expressos por uma linguagem simbólica e em conjunto constituem o estilo de vida do grupo.

Cultura e sociedade

A antropologia cultural desenvolveu-se a partir da segunda metade do século XIX, em resposta a polêmicas infindáveis sobre a suposta superioridade da cultura ocidental, sobretudo quando comparada ao estilo de vida dos "selvagens". As pesquisas de Margaret Mead, Ruth Benedict, Bronislaw Malinowski e tantos outros foram fundamentais no conhecimento das culturas chamadas "primitivas", demonstrando suas estruturas complexas, orgânicas e lógicas, à medida que asseguravam a existência e sobrevivência de seus portadores de modo mais harmônico e pacífico do que as diversas variantes de nossa cultura ocidental. A alegada superioridade serviu para legitimar a dominação dos colonizadores e a exploração das massas colonizadas, em nome do que Rudyard Kipling chamava "o fardo do homem branco" (*the white man's burden*).

Indubitavelmente, a cultura ocidental valoriza o progresso técnico, o consumo conspícuo, a mobilidade geográfica e social, mesmo quando conseguidos às custas da identidade do indivíduo e da coesão social da família e da comunidade. Seria possível comparar e julgar diferentes culturas sem definir parâmetros, ou seja, precisar os valores dominantes segundo os quais os pesquisadores ou os políticos iriam emitir seus juízos?

Às vésperas da II Guerra Mundial, a Alemanha nazista era um dos países tecnologicamente mais avançados, com sua infra-estrutura científica e educacional bastante desenvolvida. Isto não impediu as barbaridades cometidas pelo regime contra os grupos étnicos considerados culturalmente e "racialmente" inferiores.

No contexto histórico atual, com a ameaça de um novo conflito em escala global, que supostamente opõe a cultura ocidental e cristã à islâmica e oriental, os países ricos que se arvoram em defensores da primeira, em nome da liberdade individual e democracia pluralista, não parecem conscientes do irrealismo desses conceitos para os "danados da terra", as populações deserdadas da África, Ásia e da América Latina.

Eis um desafio para a humanidade no início de século e de milênio: como superar a contradição entre a valorização da cultura própria, tradicional ou moderna, e a intolerância, o preconceito e desprezo pela cultura dos "outros" ou, em outras palavras, como assegurar a aceitação dos outros e, portanto, o convívio pacífico entre membros de culturas diferentes?

Embora manifesta no comportamento individual, o "sentido" da cultura é melhor apreendido pelo estudo do estilo de vida de um determinado grupo de indivíduos organizados interagindo em sociedade. A importância do fenômeno social foi percebida pelos estudiosos do século XIX (Espinas, Darwin, Kropotkin), particularmente este último que insistiu na importância da tese de cooperação e ajuda mútua, contra a tese darwinista da luta pela sobrevivência que favoreceria os mais "aptos".

Inúmeros estudos realizados com diversas espécies de animais parecem comprovar a "função de sobrevivência" da cooperação entre os membros do grupo. Mas somente os seres humanos têm a habilidade de desenvolver e transmitir o comportamento aprendido, e suas instituições sociais evidenciam a variedade e grau de complexidade das formas sociais, mesmo da estrutura social básica, tal como a família.

O processo de socialização constitui parte central dos mecanismos pelos quais o ser humano se ajusta ao convívio com os outros, adquirindo o acervo de normas e padrões de conduta – econômicos, sociais, tecnológicos, religiosos, estéticos e lingüísticos – enfim, o conjunto que compõe o estilo de vida ou cultura do grupo.

A internalização dos padrões culturais pelo indivíduo nos primeiros anos de vida fortalece os mecanismos de estabilidade cultural, enquanto a incorporação de novos padrões por indivíduos maduros influi mais na mudança cultural. A primeira fase de aprendizado marca a criança de modo tão profundo que seu comportamento raramente chega ao nível de consciência. Sendo condicionada sistematicamente a conformar-se, seja pela doutrinação do código moral-religioso ou do exercício de técnicas de recompensas e punições, a sociedade procura e consegue assegurar sua estabilidade pela imposição de um sistema elaborado de sanções – positivas para os conformistas e negativas para os que se desviam do comportamento "normal" esperado.

Cultura e personalidade

Consideramos a cultura como um conjunto de pressupostos básicos ou um sistema de significados (expressos pela linguagem) compartilhados, pelo qual o comportamento dos indivíduos é orientado e controlado, assegurando a coesão e sobrevivência do grupo. Concordando com essa definição ampla de cultura como um "programa mental coletivo", estamos assumindo implicitamente que ela determina as diferenças não-biológicas essenciais entre os seres humanos, porque abrange quase todos os aspectos e manifestações da mente, sejam concretos ou simbólicos, comportamentais ou interativos. Embora tenhamos plena consciência das diferenças existentes entre culturas, nem sempre estamos alerta para as diferenças internas às culturas. Em qualquer sociedade, podemos identificar diferenças de gênero, grupos etários, níveis educacionais, renda (via padrões de consumo), tradições religiosas, idéias políticas, origens étnicas e aparência física.

Relativamente em poucos grupos e comunidades isoladas os indivíduos apresentam padrões de comportamento e reações emocionais comuns, qualificados por alguns estudiosos como traços de "personalidade básica" (A. Kardiner et al).

Entretanto, há crescentes evidências de similaridades de comportamento entre indivíduos de diferentes culturas nacionais, assim como grandes diferenças entre indivíduos da mesma sociedade.

A personalidade pode ser considerada tanto um produto de nossas predisposições inatas, quanto de nossas experiências de vida adquiridas à medida que cresçemos. Fatores fisiológicos e sociais modelam nossa história pessoal e coletiva. Enquanto cada indivíduo é único em sua combinação desses fatores, existem certas características adquiridas que temos em comum com outros indivíduos de nossas famílias, subgrupos ou comunidades.

Com a escala e complexidade crescentes dos grupos sociais, a diversidade tenderá a prevalecer sobre a uniformidade. As pessoas tendem quase que naturalmente a associarem-se com aquelas que têm atributos de personalidade similares, ao passo que podem se sentir distantes e menos confortáveis com pessoas que mostrem personalidades diferentes.

Não apenas os indivíduos, mas os grupos, organizações e culturas têm também suas personalidades. Como os biólogos que falam sobre atributos genéticos recessivos e dominantes, também podemos levantar hipóteses sobre traços de personalidade recessivos e dominantes dos seres humanos, fortemente influenciados pelo ambiente social e cultural. Traços de personalidade como introversão e extroversão, atitudes agressivas ou submissas, pensamento conservador ou reformador, podem ser facilmente identificados pelos membros de uma mesma cultura, mas não podem ser identificados com a mesma facilidade por indivíduos de outros cenários culturais.

A diversidade cultural e diferentes estruturas de personalidade tendem a separar as pessoas e tornar difíceis seus contatos e a interação. Contudo, educação e trajetórias ocupacionais semelhantes tendem a aproximar indivíduos de diferentes grupos étnicos, religiosos e culturais. Em outras palavras, *status* e papéis similares vão ligar membros de sociedades diferentes que desenvolvem a mesma ideologia, definida como um conjunto de crenças e valores que reflita uma "visão de mundo" (*Weltanschanung*) e que legitime "meios e fins", sejam eles utópicos ou utilitários. Religiões preocupadas com o advento da era messiânica, assim como doutrinas proclamando o "fim da História" – as quais prescrevem o comportamento adequado para alcançar os fins desejados – devem ser consideradas como ideologias em sua essência.

Sempre que problemas na sociedade se tornem controversos e exijam decisões – nos negócios, na política ou na guerra – as decisões serão baseadas nas crenças, interesses e valores dos atores sociais. As crenças apoiarão as percepções entre o que é "verdadeiro" e o que é "falso", enquanto os valores sustentam os julgamentos de fundo mais emocional sobre o que é "bom" e o que é "mau".

A personalidade de um indivíduo pode ser considerada como a combinação de um sistema de comportamento, aprendido e inato, que é característico de seu portador, enquanto a cultura é um sistema de padrões de comportamento adquiridos próprios dos membros da sociedade. Essa relação recíproca coloca as seguintes indagações para os cientistas sociais:

• como a cultura afeta a personalidade, e como a personalidade afeta a cultura?

• como a personalidade responde a experiências culturais específicas na dinâmica da evolução cultural?

São quatro os fatores apontados pelos antropólogos como determinantes da personalidade de um indivíduo:

1) as características biológicas e genéticas dos sistemas neurofisiológico e endocrinológico;

2) as características do ambiente natural em que o indivíduo vive;

3) a cultura da qual o indivíduo participa;

4) as experiências biológica e psicossocial únicas ou a história de vida do indivíduo.

A cultura tende a padronizar as personalidades, canalizando as experiências de todos os indivíduos em uma mesma direção. Mas, diferenças em *status* levam a oportunidades sociais e experiências culturais diversas.

Estudos com gêmeos uniovulares têm confirmado a tese que diferentes experiências sociais determinam personalidades diferentes. E a psicanálise nos ensina sobre a importância do evento fortuito na história como fator determinante no desenvolvimento da personalidade. Estudos com adultos demonstram que muitos de seus padrões de comportamento são derivados de processos de condicionamento na primeira infância (Margaret Mead, 1949).

Em meados do século passado, após a publicação seminal de *Patterns of culture* (Ruth Benedict, 1937) vários antropólogos e psicanalistas desenvolveram pesquisas baseadas no teorema da estrutura de uma "personalidade básica", para explicar as relações recíprocas entre cultura e personalidade. A formulação de uma tipologia ideal representada pelas configurações "dionisíaca" e "apolínea", embora questionada e polemizada posteriormente, ainda exerce enorme influência nos estudos antropológicos e pedagógicos até o presente.

Contudo, a eficácia da teoria e da metodologia de Ruth Benedict foi brilhantemente demonstrada no seu estudo sobre a cultura e o caráter nacional japonês, publicado em 1946, sob o título "O crisântemo e a espada: padrões da cultura japonesa". Como a cultura, também o tipo de personalidade ideal é uma construção social. Sem cair na tentação de uma simplificação, devemos admitir sua funcionalidade ao falar de "caráter nacional" de um povo como um tipo ideal de personalidade coletiva. Assim, o caráter nacional brasileiro é diferente do argentino, que também é diferente do chileno ou mexicano.

Ações coletivas de uma nação constituem, até certo ponto, reações do tipo de personalidade ideal a certas situações de estímulo.

À medida que a tendência à integração imposta pela expansão do capital internacionalizado e apoiada nos meios de comunicação eletrônicos e de transporte supersônico se generalize, aproximando os padrões organizacionais e gerenciais nas empresas transnacionais, o comportamento efetivo afasta-se cada vez mais do que seria típico do "caráter nacional".

Personalidade e mudança cultural

Status e papéis similares aproximam membros de sociedades diferentes, mas que compartilham da mesma ideologia, baseada em estruturas cognitivas similares. Não é surpreendente, portanto, que empresários, tecnocratas, acadêmicos e políticos participantes das reuniões internacionais (por exemplo, o Fórum Mundial Econômico de Davos) descubram rapidamente que têm mais em comum com os colegas de profissão de outras culturas do que com pessoas de outros grupos sociais de seus países de origem. O que aproxima e liga indivíduos de origens nacionais diferentes é um conjunto de normas, crenças e valores que atravessam as fronteiras nacionais e culturais e configuram os elementos propícios para uma visão comum sobre o futuro desejável de nossas sociedades.

Partindo da premissa que os fundamentos culturais de uma sociedade sustentável são a diversidade cultural e a liberdade e autonomia dos indivíduos, ligados pelas redes de cooperação e solidariedade interdependentes, cabe-nos empreender esforços para a construção de um marco referencial para a reflexão e ação conduzindo à sociedade sustentável.

Propósitos e esforços comuns criam uma teia complexa de idéias, crenças e valores coletivos que não somente conferem legitimidade às ações políticas e práticas governamentais, mas também induzem processos poderosos de identificação, motivação e participação que energizam e potencializam as aspirações coletivas. Os seres humanos se sentem mais realizados quando unidos como um todo, cada um atento a e consciente de seu compromisso pessoal, servindo a um propósito comum.

Vimos que nossas crenças, valores, costumes, leis, instituições e as diferentes formas de relacionamento social constituem partes inseparáveis de nossa cultura, condicionam a percepção de nós mesmos, do mundo ao nosso redor e configuram o âmbito de interação social. A história nos ensina que mudanças culturais são resultados de processos mentais e materiais por meio dos quais os atores sociais se tornam conscientes da distribuição assimétrica dos recursos da sociedade e do acesso desigual às oportunidades, uma situação explosiva que gera pobreza e multiplica a violência.

O estudo da evolução histórica das culturas nos ensina, além de inovações tecnológicas e materiais, uma trajetória continuada por um caminho que leve à emancipação individual e coletiva, pelo diálogo, a comunicação, a cooperação e a construção de instituições democráticas zelando pela obediência aos direitos humanos. Uma cultura de paz, diálogo, participação democrática e solidariedade constituirão o pilar básico e condição *sine qua non* da sustentabilidade.

O florescimento ilimitado da cultura pode ser concebido como um bem em si no caminho do desenvolvimento humano.

Preservando e promovendo sua diversidade, projeta uma dimensão mais ampla do que o desenvolvimento no entendimento estreito dos economistas. Os esforços de preservação das diversidades biológica e cultural podem ser considerados duas faces da mesma moeda. Seguindo a visão evolucionista, os seres humanos se desenvolveram mediante a adaptação da espécie às condições mutantes do ambiente ecológico e social, ao criar variadas respostas adaptativas que resultaram em padrões culturais diferentes. Assim, a diversidade cultural é claramente o produto das capacidades criativa e adaptativa da humanidade e, como tal, de incomensurável valor para a sobrevivência e sustentabilidade.

O avanço aparentemente irresistível do processo de urbanização-industrialização, baseado na expansão do capital em escala global, representa uma grave ameaça à diversidade. Tal como a perda da biodiversidade afeta negativamente a biosfera e, portanto, a sobrevivência das espécies na terra, podemos hipotetizar que a destruição das culturas e tradições diminuirá nossa capacidade de desenvolver respostas e mecanismos adequados para a sobrevivência humana. Contrariamente às culturas tradicionais em que os indivíduos desenvolvem suas atividades em simbiose com o meio natural, a civilização moderna da sociedade industrial reduz as expressões culturais ao menor denominador comum, eliminando muitos elementos, que se tornam irrecuperáveis, e assinalam a perda de sistemas culturais inteiros.

As visões tradicionais do mundo, seus valores e o respeito pela natureza constituem elementos vitais para nos habilitar e agir responsável e criativamente perante os desafios da mudança. É nosso dever como cidadãos conscientes preservar a cultura humana em toda sua variedade e diversidade, a fim de abrir o caminho para a sustentabilidade.

Seria possível temperar os conhecimentos científicos e tecnológicos com a sabedoria inerente às mais antigas tradições e culturas da humanidade? Em outras palavras, seremos capazes de desenvolver uma ética comum como base de uma cultura e destino compartilhados, ainda que imensamente diversificados?

EM BUSCA DA IDENTIDADE NO MUNDO DE INCERTEZAS

Como manter a identidade e a lealdade às raízes, à cultura de origem na era da globalização e da eliminação das fronteiras geográficas e políticas pelo avanço das tecnologias de ponta nos transportes e comunicações e pela redução de barreiras tarifárias a fim de facilitar o fluxo internacional de mercadorias, serviços e capitais? A ideologia dominante endossada e apoiada pelos organismos internacionais apresenta-nos a globalização como sinônimo de progresso e a associação dos países em blocos econômicos como o primeiro passo na construção de "um mundo só". Crescimento econômico ilimitado, livre comércio e flexibilização das relações de trabalho trariam rapidamente a era de abundância e bem-estar para todos os habitantes da Terra.

A realidade ao nosso redor é bem diferente: uma dinâmica "perversa" do sistema econômico induz uma polarização intensa e crescente entre riqueza, poder e acesso à informação nas mãos de poucos, e a miséria, ignorância e marginalidade de muitos, dentro e entre as sociedades, distanciando-nos cada vez mais da tão almejada fraternidade e solidariedade dos povos, em uma nova ordem mundial.

No comportamento individual e coletivo, as leis do mercado substituíram as Escrituras Sagradas e o próprio mercado passou a ocupar o lugar da providência divina.

O fim do século XX viu ruir as utopias revolucionárias e, ao mesmo tempo, o fracasso da ideologia desenvolvimentista. A maioria da população mundial, vivendo nos países do Terceiro Mundo, passou pela amarga experiência de rejeição e desencanto das promessas da ideologia dominante secularizada.

Perdeu suas frágeis esperanças e com elas a visão de um futuro mais justo e uma vida mais digna. A brutalidade das políticas reais do sistema capitalista, desprezando e reduzindo os valores humanistas a conceitos de mercado e de transações comerciais acabou provocando as reações de indignação e revolta, em busca da utopia perdida.

A promessa de uma era de progresso e justiça para todos, lançada com o advento da Revolução Francesa de 1789 e, novamente, após a Segunda Guerra Mundial, foi desmentida por um processo de desenvolvimento desigual que deixou o mundo das ex-colônias cada vez mais para trás. Os impactos da penetração fragmentada da modernidade nas culturas tradicionais causaram a ruptura de seu tecido social e a conseqüente perda de identidade e das raízes.

É verdade que a crise de identidade é geral em todas as sociedades, à medida que a exclusão, a insegurança e a incerteza quanto ao futuro se tornam o destino comum da grande maioria.

Nesse contexto de fracasso das políticas oficiais de desenvolvimento, em que indivíduos e grupos desesperam das promessas dos políticos, ocorre um retorno em massa às diferentes formas de pensamento e ação dominadas pela religião. O abismo que se alarga entre "os que têm e os que não têm" transformou o relacionamento humano em um cenário de conflitos permanentes – étnicos, tribais, religiosos, nacionalistas ou meramente sociais, enquanto os indivíduos experimentam frustração, alienação e desconforto sem fim.

Durante os séculos de expansão da civilização ocidental foi a religião que proporcionou os elementos de coesão e solidariedade ("mecânica", na tipologia durkheimiana). Seus dogmas e doutrinas uniram a sociedade, legitimando os valores e a moral dominantes e contribuíram, via um conjunto de normas e sanções, para controlar o comportamento individual e público. Ao mistificar o poder e seus detentores, justificou as desigualdades e injustiças em nome de uma racionalidade divina, fora do alcance dos mortais. Como explicar, então, o retorno ao fundamentalismo nas principais religiões, no Ocidente e no Oriente, após o Século das Luzes, a emancipação, os avanços espetaculares de ciência e tecnologia e o Estado do Bem-estar?

Vimos que os seres humanos vivem envoltos em teias de significados simbólicos por eles criados e que lhes conferem os sentimentos de identidade, de "pertencer" ao mundo e ao grupo que professe as mesmas crenças e valores. Esses recursos simbólicos permitem aos indivíduos perceberem-se como atores e sofredores, ativos ou passivos, mas como participantes de uma determinada cultura. São também esses recursos simbólicos, portadores de significados e carregados de sentidos – as orações, ritos, músicas e danças religiosas e profanas, lendas, leis, normas e instituições – que possibilitam o funcionamento da imaginação e sua materialização como "bem" público, sagrado ou secular.

A destruição e o caos causados pelo avanço impetuoso da chamada modernidade, criaram o caldo de cultura fértil para o renascimento do fanatismo fundamentalista, do isolacionismo, da xenofobia e intolerância e da propensão à "guerra santa" contra os "infiéis".

Em busca do "paraíso perdido", milhões de deserdados aderem aos falsos profetas da violência, individual ou coletiva, nos quais procuram encontrar identidade e sentido para suas vidas.

Eis que chegamos a uma encruzilhada na evolução da espécie humana. A ameaça de cairmos numa nova idade de trevas tornou-se concreta e visível para todos, a partir do ataque de um punhado de suicidas aos símbolos de poder militar e econômico norte-americanos e, em seguida, pela guerra desencadeada contra o Afeganistão, logo conotada falsamente como um conflito de culturas (S. Huntington), entre o Ocidente e o Oriente. Em vez de aplicar a "lei de Talião", de "...olho por olho", devemos envidar todos os esforços para eliminar as causas da revolta e do ódio das multidões islâmicas, inimigas de uma globalização que amplia o fosso entre pobres e ricos, ameaça as culturas tradicionais e sufoca os movimentos legítimos de emancipação e autonomia.

O desafio reside na construção de um mundo novo, repleto de alternativas que contemplem todas as organizações e movimentos, em sua rica e imensa diversidade. Nas palavras de Boaventura de Souza Santos (Folha de S.Paulo, 22/04/01) ... "o que está em causa é uma globalização contra-hegemônica em que caibam as diferentes concepções de identidade cultural e emancipação social" ou em outras palavras, a única opção ao ciclo infindável de violência é a justiça social.

Mercocidades, meio ambiente e políticas públicas

Às vésperas da Rio+10, a reunião de cúpula das Nações Unidas sobre o Desenvolvimento Sustentável e Meio Ambiente, uma avaliação dos resultados das políticas de implantação da Agenda 21 torna-se indispensável.

Parte importante das análises e debates certamente será dedicada aos problemas das megacidades e das aglomerações urbanas em geral, que continuam a crescer em ritmo explosivo, particularmente nos países do Terceiro Mundo. Os governos e as administrações locais sentem-se impotentes para enfrentar os problemas decorrentes das migrações humanas das áreas rurais para as urbanas, onde se aglomeram centenas de milhões de seres humanos, em busca de condições de sobrevivência e de um futuro melhor para seus filhos.

Entretanto, apesar das conferências nacionais e internacionais (vide a Habitat II de 1996, em Istambul), das resoluções e documentos, os resultados das políticas urbanas e os prognósticos não são animadores.

O presente texto procura estimular a reflexão crítica, como primeiro passo para uma eventual reformulação dos diagnósticos e das propostas de políticas públicas mais efetivas, no trato dos problemas urbanos.

A primeira parte trata de questões conceituais e procura destacar os aspectos mais urgentes da problemática urbana.

A segunda parte apresenta uma visão crítica dos conceitos de desenvolvimento e dos indicadores utilizados para sua aferição.

Na terceira parte é esboçada uma análise do contexto internacional e da dinâmica "perversa" do sistema, impelindo a concentração de riquezas e de poder, com a correspondente polarização da sociedade e o aumento contínuo de contingentes de marginalizados e excluídos. Na parte final, após uma breve digressão sobre a necessidade de se trabalhar "com" e não somente "para" os pobres, ou seja, as vantagens de uma democracia participativa diante dos padrões de procedimentos autoritários convencionais, são apresentados alguns casos de administrações municipais brasileiras que lograram avanços significativos no tratamento dos problemas humanos de nossa civilização urbana.

É possível inferir das experiências bem-sucedidas sobre a necessidade de se estender e multiplicar essas práticas, mediante redes de comunicação e de cooperação, envolvendo diversos setores da sociedade – universidades, ONGs, movimentos sociais e lideranças comunitárias empenhados na superação dos problemas e impasses sociais e ambientais.

O marco de referência seria um futuro Estado democrático e descentralizado, composto de inúmeras comunidades que usufruam a mais ampla autonomia na gestão de seu destino, porém conscientes da necessidade de cooperação e interdependência para assegurar a sobrevivência de todos.

A CRISE URBANA

No limiar do século XXI, as sociedades latino-americanas enfrentam a desanimadora perspectiva de uma infindável crise urbana, conseqüência de um modelo obsoleto e irracional de ocupação do espaço. A acumulação de riquezas sem distribuição eqüitativa de benefícios sociais exacerbou contradições e conflitos, particularmente nas grandes aglomerações urbanas.

A urbanização rápida e a intensa concentração de indústrias, serviços e de seres humanos, tem transformado as cidades no oposto de sua *raison d'être* – um lugar para viver bem, nas palavras de Aristóteles.

O processo de urbanização do Brasil é altamente sintomático: durante os últimos 50 anos, o crescimento urbano transformou e inverteu a distribuição da população no espaço geográfico. Em 1945, a população urbana representava 25% da população do total de 45 milhões. No início dos anos 90, a proporção de urbanização chegou a 75% do total de 150 milhões. Durante a última década, enquanto a população total aumentou cerca de 20%, o número de habitantes urbanos aumentou mais de 40%, particularmente nas nove áreas metropolitanas habitadas por um terço da população brasileira.

Os problemas urbanos manifestam-se mais dramaticamente nessas nove regiões. A incidência intoleravelmente alta de crimes e violência parece estar relacionada com a concentração de riquezas (85% da renda do país e dos ativos econômicos) por um lado e, por outro, a mais ultrajante desigualdade e privação.

Postulamos que a cidade, ou área metropolitana, deve servir o cidadão como modelo de civilização sustentável – eqüitativa, harmoniosa e ancorada nos princípios de justiça social e autonomia individual.

Por isso precisamos, inquestionavelmente, suprir nossas cidades e áreas metropolitanas de sistemas adequados de transporte público e infra-estrutura básica para educação, saúde, habitação, saneamento, segurança e emprego.

Contudo, experiências históricas recentes indicam que a solução para esses problemas não pode ser concebida apenas em termos técnicos e financeiros. O desafio apresentado aos planejadores e administradores urbanos é como implementar um novo conceito de poder político comunitário local, baseado na participação democrática da população.

Mas, em nome do progresso, implementou-se uma política de crescimento econômico perverso, gerando bens e serviços sofisticados para um número relativamente pequeno de consumidores, com quantidade de trabalho cada vez menor. Milhões de trabalhadores são descartados do processo de produção e, por conseqüência, de um relacionamento significativo com o grupo de seus pares e o mundo ao redor.

Tensão social, violência e conflito acompanham *pari passu* a expulsão de um crescente número de trabalhadores de uma vida socialmente produtiva e valorizada. O "crescimento sem emprego" está se tornando padrão dominante das políticas econômicas oficiais, como documentado no Relatório do Desenvolvimento Humano das Nações Unidas. Atualmente, 25% dos 35 milhões de desempregados nos países desenvolvidos foram descartados do mercado de trabalho há mais de dois anos. Nos "países em desenvolvimento" a demanda não atendida por trabalho é estimada em centenas de milhões. A situação é ainda mais precária no setor informal. Estatísticas compiladas pela OIT – Organização Internacional do Trabalho – demonstram que, no começo dos anos 90, um terço de todos os empregos na América Latina estava no setor informal, enquanto na África a proporção correspondente foi de 60%. Será esse o padrão dominante e a tendência futura?

No Brasil, as estatísticas oficiais fornecem evidências da perda de mais de 4 milhões de empregos na indústria e nos serviços desde 1988 – o ano da implementação da ESAP[3], a política estrutural de ajuste econômico promovida pelas instituições financeiras multilaterais, e religiosamente cumprida pelo governo.

As ondas de crime e violência nas cidades não podem mais ser detidas ou controladas pela polícia ou o exército. O que se pode esperar de 15 milhões de trabalhadores que não recebem mais de dois salários mínimos (R$ 400,00 por mês), ou

---

3. Economic Structural Adjustment Policy

dos quase dois milhões de desempregados na área metropolitana de São Paulo? Que tipo de expectativa de vida pode-se antecipar para crianças e adolescentes "integrados" no mercado de trabalho, em condições subumanas de exploração?

O maior desafio de nossa civilização urbano-industrial é como transformar uma estratégia de crescimento econômico direcionada contra a maioria pobre da população em um modelo de sustentabilidade baseado no bem-estar humano, substituindo o princípio da competição por empregos, mercados, riqueza e poder – imposto a populações indefesas como condição de sobrevivência – pela cooperação e solidariedade como principais pilares de sustentação?

Industrialização e Dinâmica Rural-Urbana

O fenômeno histórico de crescimento urbano e a expansão em megacidades não podem ser analisados ou entendidos como problemas isolados demográficos ou ambientais. Altas taxas de crescimento populacional causadas por migrações internas, megacidades espalhadas ocupando grandes espaços territoriais, e os conseqüentes problemas – ar poluído, água suja e condições sanitárias insatisfatórias – são sintomas de um processo profundamente enraizado no desenvolvimento capitalista moderno, baseado na industrialização.

Todas as megacidades do terceiro mudo experimentaram crescimento explosivo depois da Segunda Guerra Mundial, com a incorporação dos países recentemente industrializados no sistema capitalista de produção, comércio e finanças. A organização da produção em fábricas enormes, com milhares de trabalhadores (as indústrias automobilística, de aço e petroquímica), atraiu e concentrou, em espaços relativamente limitados, enormes quantidades de capital, trabalho, energia e consumo de recursos naturais. As sociedades tradicionais predominantemente agrárias não estavam preparadas para absorver o influxo de grandes investimentos, e a infra-estrutura das cidades não era capaz de integrar os milhões de migrantes rurais.

A especulação de terras, favelas, extrema pobreza e altas taxas de crime e delinqüência são efeitos colaterais dessa concentração urbana rápida e desregulada.

Uma poderosa corrente de êxodo rural foi induzida pela modernização e mecanização da agricultura, em seguida à "revolução verde", a introdução de culturas de fácil comercialização e agroindústrias. Milhões de ex-pequenos proprietários e trabalhadores rurais foram expelidos pelo efeito combinado de inovações tecnológicas e concentração de terras em áreas rurais. A pressão exercida por milhões de pessoas demandando habitação, transporte, escolas, saneamento e centros de saúde forçaram as autoridades (locais, estaduais e federais) a investir em grandes obras públicas, atraindo por sua vez novos migrantes.

Estudos convencionais dos problemas urbanos, centrados apenas em variáveis demográficas, têm sido incapazes de revelar o relacionamento sistêmico e complexo entre população, indústria, políticas macroeconômicas e movimentos sociais.

Como a maioria dos fenômenos sociais, o crescimento urbano apresenta efeitos paradoxais: economias de escala e externalidades parecem fornecer benefícios ilimitados e prosperidade, enquanto, ao mesmo tempo, tendem a produzir custos ambientais e sociais "ocultos", dificilmente visíveis no início, mas desastrosos para a população e autoridades públicas em longo prazo. Os resultados incluem uma deterioração constante da qualidade de vida, custos mais altos de investimentos em infra-estrutura, perda de eficiência da economia metropolitana, degradação dos valores estéticos e, acima de tudo, o clima intolerável de desvio social, violência e perda da solidariedade.

A conferência Habitat II das Nações Unidas, ocorrida em Istambul, Turquia, em junho de 1996, revelou um quadro melancólico do estado das megacidades em todo o mundo, inclusive nos países desenvolvidos.

O mito do crescimento econômico ilimitado foi substituído pela evidência dramática da deterioração humana e ambiental, enquanto, paradoxalmente, mais riqueza material é produzida e ativos financeiros se concentram nas mãos de alguns milhares de conglomerados poderosos.

As forças do mercado seriam capazes de restabelecer o equilíbrio precário entre os fatores centrífugos do processo de urbanização?

O DILEMA DOS PLANEJADORES URBANOS

Se presumirmos que planejamento é a alocação de recursos escassos a metas e objetivos prioritários, então por que os planos para orientar e administrar o processo de crescimento de grandes cidades fracassaram? O fracasso deveu-se à falta de competência técnica ou contradições políticas? Os planejadores geralmente reclamam da falta de "vontade política" dos governos, mas falham em perceber as aspirações e interesses contraditórios que criam os gargalos políticos ou os desvios em relação aos planos. A execução de um plano urbano, regional ou nacional, pressupõe a existência de um consenso previamente estabelecido sobre as prioridades. Na ausência de um acordo político prévio entre os diversos atores sociais, o planejamento transforma-se em exercício puramente acadêmico, sem maiores conseqüências práticas.

Governos autoritários têm sido e continuam a ser capazes de impor suas visões e projetos, baseando-se em uma racionalidade instrumental e funcional. O principal desafio, entretanto, é como implementar um processo de planejamento democrático baseado no que Max Weber chamou de "racionalidade substantiva". Qual é a viabilidade do planejamento democrático no contexto da racionalidade de mercado neoliberal, que produz polarização, exclusão e, portanto, conflitos sociais?

Podemos esperar políticas econômicas e sociais mais eficazes, reformas fiscal e agrária se o Congresso e o poder executivo são dominados e controlados por elites tradicionais? Será que irão concordar pacificamente com a distribuição de terras para a produção de mais alimentos para os pobres? E a reestruturação e realocação de indústrias, com base em políticas energéticas alternativas, em vista à conservação e proteção do meio ambiente e a implementação de diretrizes para sustentabilidade seriam aceitas?

Admitir e reconhecer os limites e as restrições do planejamento e das funções de direcionamento do Estado, em um mercado aberto e desregulamentado de uma economia global, levanta também a questão sobre alternativas. Será possível se opor às pressões dos grandes grupos de interesses financeiros e econômicos?

O planejamento deve ser transformado em instrumento de democratização no processo de administração e expansão das cidades, ao invés de um processo decisório tecnocrático e autoritário.

Para alcançar essa meta será necessário reduzir a distância que separa a esfera técnica do planejamento, da esfera política da administração. A transformação estrutural de nossas cidades e metrópoles não será o resultado de planejamento tecnocrático de longo prazo. Mais que um documento com um plano ou projeto finalizado do espaço urbano, a definição de metas, objetivos e instrumentos deveria ser o ponto inicial de uma aliança política, que estabeleça as linhas de intervenção nesse processo e os papéis dos diferentes atores sociais.

Uma melhor distribuição da renda, a transformação dos modelos privatizantes da ocupação do território urbano e a reversão dos padrões hegemônicos de uso da terra como reserva de valor não vão se tornar mudanças institucionalizadas pela elaboração de planos melhores, mas por impulsos e movimentos de mudanças que surgem e se expandem a partir da própria sociedade. Isso vai exigir a construção de relacionamentos político-sociais dos cidadãos com suas cidades, nos quais a implementação e manutenção do espaço e equipamentos públicos se transformem em responsabilidade coletiva, diferente da noção convencional de espaço público como propriedade privada da população.

Seguindo esse raciocínio, o "plano diretor" torna-se essencialmente um conjunto de regras que articulam e estruturam a participação de todos os atores sociais mobilizados e motivados para a tarefa de reconstrução e reabilitação de suas cidades, para o benefício de todos os seus habitantes.

Rumo a uma nova política urbana

O processo de globalização, complexo e contraditório em seus impactos nos estados nacionais, também afeta as comunidades locais. Mesmo quando solidários com seus estados e a federação, os municípios conquistaram (desde a Constituição de 1988) o direito e a liberdade de se ligarem horizontalmente a outros municípios no mesmo estado, na federação, ou em outros estados e até mesmo em nível internacional por meio de organizações multilaterais.

As opções políticas e administrativas para os governos locais aumentaram significativamente. Prefeitos e vereadores precisam de um maior horizonte geográfico e político, além do paroquialismo tradicional, particularmente nas áreas metropolitanas. Entretanto, essa percepção de tendências globais não é condição suficiente para a administração urbana eficaz. A fim de alcançar justiça e transparência na gestão pública, é necessário identificar-se com os interesses e aspirações da comunidade.

O avanço de um novo paradigma de governo – democracia participativa – em um crescente número de municípios, tem suas raízes no descrédito e inadequação das formas tradicionais de representação pelas instituições legislativas e executivas.

Conselhos municipais, orçamento participativo, conselhos escolares, trabalhos públicos e comitês de serviços tornam-se canais de apropriação de conhecimento e de deliberação da sociedade civil em face do Estado.

Uma vez que a comunidade torne-se a protagonista de sua história, as prioridades são facilmente redefinidas e as necessidades sociais são trazidas para o primeiro plano pelos sujeitos que as sintam e experimentem. Saneamento básico, pavimentação de ruas, escolas e creches, habitação e centros de saúde se impõem, em contraste com os modelos de consumo supérfluo e de desperdício.

A lógica do transporte público coletivo irá inverter a prioridade normalmente dada à circulação de automóveis particulares.

A participação popular torna o governo mais transparente, reduz a corrupção e introduz mudanças na estrutura e função da administração pública. Sua legitimidade é derivada não apenas da crescente capacidade de investimento do governo local, mas também de sua posição afirmativa contra a tendência dominante de desmantelar o Estado, drenar os fundos de seguridade social, privatizar as empresas públicas e abdicar de sua função reguladora.

Ao pressionar pela reforma fiscal progressiva, melhorar a distribuição de renda e um projeto de desenvolvimento nacional, as comunidades locais participativas irão se engajar ativamente na luta contra o desemprego e a desigualdade social, por créditos comunitários às pequenas e microempresas e incentivos para o desenvolvimento de tecnologias apropriadas, em diferentes áreas das atividades econômicas.

A implementação e o fortalecimento da democracia participativa nos governos locais não devem ser confundidos com a negação anarquista do papel do Estado como principal regulador do mercado, embora este normalmente trabalhe a favor dos grandes monopólios e conglomerados financeiros.

Baseado em princípios racionais e éticos, cabe ao Estado estimular e promover a igualdade e solidariedade, e beneficiar a maioria da população que atualmente é explorada e excluída. Em conclusão, enfatiza-se que a gestão participativa pode garantir oportunidades eqüitativas de acesso a empregos, às informações e tomada de decisões.

Entretanto, para efetivamente lidar com os problemas das megacidades, precisamos reestruturar nossa divisão social do trabalho, ligando as estratégias urbanas às políticas econômicas, sociais e ambientais. Políticas ambientais por si mesmas, tal como políticas isoladas de ciência e tecnologia, não irão resolver nossos problemas.

Toda e qualquer política deve ser avaliada pelo critério de adequação ao objetivo de se construir uma sociedade autônoma e equilibrada, no controle de si mesma e de seu destino, alcançado por mecanismos políticos de representação democrática, participação e controle coletivo de recursos. Simultaneamente, esse sistema criará e multiplicará espaços para a criatividade e auto-realização de cada indivíduo, de acordo com sua vocação, interesses e valores.

O CONTEXTO INTERNACIONAL

Posto que o crescimento econômico seja condição necessária para o desenvolvimento, ele não pode ser considerado como condição suficiente. Todas as evidências apontam para os paradoxos e contradições de um processo de crescimento econômico sem distribuição eqüitativa de seus frutos, o que exigiria a presença e participação ativas da sociedade civil em todos os centros e níveis decisórios. Caso contrário, as decisões da política macroeconômica e as políticas públicas carecem de transparência e seus gestores desvirtuam os mecanismos de representatividade e de responsabilidade públicas.

Concretamente, verifica-se nas últimas duas décadas, cujas políticas econômicas foram dominadas pela ESAP – *economic structural adjustment policy* –, ditada pelo FMI - Fundo Monetário Internacional, que, efetivamente, essas políticas econômicas geram riquezas, aumentam volume e valor do comércio internacional e impulsionam o processo de acumulação capitalista. Entretanto, paralelamente ao crescimento do PIB (produto interno bruto) nacional e internacional, aumenta também a pobreza em todas as latitudes da economia globalizada. Curiosamente, devido aos mecanismos perversos de concentração e centralização do capital, a pobreza cresce mais rapidamente do que a riqueza, levando a uma polarização nas sociedades, divididas entre uma minoria rica e poderosa, e uma maioria deserdada, marginalizada e excluída.

É este processo de polarização e disseminação da pobreza que se constitui em maior obstáculo a um desenvolvimento sustentável e contínuo.

A doutrina convencional afirma que o crescimento da taxa do PIB seria sinônimo de progresso e bem-estar. A realidade contradiz o discurso otimista do governo e da academia.

O PIB reflete somente uma parcela da realidade, distorcida pelos economistas – a parte envolvida em transações monetárias. Funções econômicas desenvolvidas nos lares e de voluntários acabam sendo ignoradas e excluídas da contabilidade. Em conseqüência, a taxa do PIB não somente oculta a crise da estrutura social, mas também a destruição do *habitat* natural – base da economia e da própria vida humana. Paradoxalmente, efeitos desastrosos são contabilizados como ganhos econômicos. Crescimento pode conter em seu bojo os sintomas de anomia social.

A onda de crimes nas áreas metropolitanas impulsiona uma próspera indústria de proteção e segurança, que fatura bilhões. Seqüestros e assaltos a bancos atuam como poderosos estimulantes dos negócios das companhias de seguro, aumentando o PIB.

Algo semelhante ocorre com o ecossistema natural. Quanto mais degradados são os recursos naturais, maior o crescimento do PIB, contrariando princípios básicos da contabilidade social, ao considerar o produto de depredação como renda corrente. O caso da poluição ilustra ainda melhor essa contradição, aparecendo duas vezes como ganho: primeiro, quando produzida pelas siderúrgicas ou petroquímicas e, novamente, quando se gastam fortunas para limpar os dejetos tóxicos. Outros custos da degradação ambiental, como gastos com médicos e medicamentos, também aparecem como crescimento do PIB.

A contabilidade do PIB ignora a distribuição da renda, ao apresentar os lucros enormes auferidos no topo da pirâmide social como ganhos coletivos. Tempo de lazer e de convívio com a família são considerados como a água e o ar, sem valor monetário. O excesso de consumo de alimentos e os tratamentos por dietas, cirurgias plásticas, cardiovasculares, etc. são outros exemplos da contabilidade no mínimo bizarra, sem falar dos bilhões gastos com tranqüilizantes e tratamentos psicológicos.

A onda crescente de desemprego, que se alastra nos países latino-americanos, além dos efeitos psicológico e social devastadores na vida dos indivíduos, seus familiares e comunidades, repercute também negativamente nas respectivas economias nacionais. Somando os efeitos de políticas macroeconômicas perversas com os da política salarial e trabalhista, sob forma de flexibilização e precarização dos contratos de trabalho, ocorre uma transferência de parcelas crescentes da renda nacional para o capital, com as proporcionais perdas na renda do trabalho.

A compressão dos salários e rendimentos do trabalho associada à alta taxa de juros e remessas ao exterior a título de juros, dividendos e *royalties* têm um poderoso efeito recessionista. Reduzindo a renda disponível nas mãos da população, cai a demanda, a produção, a arrecadação de impostos, numa espécie de circulo vicioso, arrastando nessa tendência recessiva também a poupança e os investimentos.

Estranho, neste contexto, o papel do Estado, cujas políticas parecem cada vez mais teleguiadas e monitoradas pelo FMI, tanto nos países "emergentes", quanto nos "submersos", atrasados em seu desenvolvimento econômico, social, e político. Enfrentar a fuga de capitais com medidas recessivas – reduzir o déficit fiscal, via corte de gastos e altas taxas de juros – não tem produzido os efeitos esperados (ingresso de capital produtivo, com investimentos de longo prazo) em nenhum dos países afetados pela crise.

Entretanto, os governos teimam em apostar no retorno do capital internacional, deixando claro que não acreditam na capacidade de auto-ajuda, via um processo de elevação e distribuição melhor da renda *per capita* interna, e sua canalização para a poupança e investimentos nacionais. Nesta política macroeconômica alternativa, caberia ao capital estrangeiro uma função meramente suplementar, e sempre orientado, quanto ao setor e a localização dos investimentos e as tecnologias aplicadas, pelo Estado, mentor do processo.

O fracasso do modelo desenvolvimentista das elites latino-americanas não será redimido com uma aliança com as elites hegemônicas na ALCA. Suas políticas econômicas são incompatíveis com as aspirações da maioria da população, carente e marginalizada.

Não advogamos contra a integração regional e internacional, mas rejeitamos sua imposição "por cima" que tende a agravar a assimetria social e a divisão da humanidade entre uma minoria rica e poderosa, e a massa de desprivilegiados e excluídos.

Não pregamos contra a integração e a aproximação dos povos, mas elas devem processar-se democraticamente, de modo gradual e seletivo.

A distinção entre a globalização e a universalização não é apenas conceitual. A investida da primeira contra barreiras ao livre comércio é brutal, sob o comando das corporações transnacionais. A universalização, impulsionada pelas ONGs, os movimentos sociais, alguns sindicatos e partidos promove uma integração dos povos, de suas economias e culturas, de maneira lenta, gradual e seletiva. Os agentes da globalização, em sua busca de maximização de retorno sobre os investimentos, pressionam por escalas de produção e o nivelamento dos padrões de consumo, enquanto os atores da universalização defendem o pluralismo e a diversidade de estilos de vida.

A globalização adota padrões de organização, tanto no setor privado quanto no público, rígidos, de centralização autoritária, em oposição aos princípios de democracia participativa, de transparência e de responsabilidade cidadã da universalização. Na primeira, os seres humanos estão sendo alienados e transformados em meros objetos de decisões tomadas segundo a racionalidade funcional de "meio-fim", enquanto na segunda, cada um (a) se torna sujeito ativo e autônomo do processo, orientado por valores substantivos ancorados na Carta dos Direitos Humanos.

Em suma, a globalização configura um processo de integração "por cima", na contramão da História, enquanto a universalização "de baixo para cima", acena com um futuro mais digno, justo e seguro para a humanidade.

Os agentes da globalização são dominados pelo frio cálculo econômico, insensíveis aos efeitos desastrosos no tecido social. A universalização enfatiza os aspectos éticos do comportamento individual e coletivo e não gera desempregados, desabrigados, famintos, doentes, enfim, excluídos.

A dinâmica das relações internacionais manifesta-se por fenômenos e tendências freqüentemente contraditórias. Indubitavelmente, ocorre um movimento poderoso de integração econômico-financeira impulsionado pelas necessidades de expansão do grande capital e facilitado por uma série de inovações tecnológicas, de enorme impacto nos sistemas produtivos.

O desenvolvimento desigual e os diferentes graus de maturidade alcançados pelas sociedades em desenvolvimento nos diversos continentes, resultaram nos processos paradoxos de integração e fragmentação. Surgem as formas de associação econômica regional, como a NAFTA, União Européia, Mercosul e outras, em fase de gestação. Por outro lado, multiplicam-se os movimentos de afirmação étnica, religiosa ou nacionalista, desafiando os poderes políticos estabelecidos.

Nos casos da ex-URSS e da ex-Iugoslávia, os movimentos separatistas resultaram em confrontações violentas, guerras e massacres de populações civis indefesas. Mas, mesmo nos países da União Européia, o separatismo nacionalista dos bascos ou dos escoceses, ou a autonomia econômica pretendida pelo partido da Lombardia, no norte da Itália, tem ressurgido em plena era de integração regional.

É na confrontação dessas tendências e atores que se processa a transição acidentada em direção a uma nova ordem mundial, de um mosaico multicolorido e heterogêneo de Estados-Nações soberanos, ciosos de uma autonomia ilusória e supostamente garantida por um aparato bélico considerável, para a convivência civilizada em uma aldeia global.

O debilitamento interno, por ser incapaz de atender às demandas e expectativas dos diversos estratos da população, e externo, em função das pressões dos conglomerados e organismos transnacionais, leva ao enfraquecimento dos sentimentos e atitudes de lealdade e identidade nacionais, fundamentais para a solidariedade e coesão da nação.

A perda de identidade e solidariedade ocorre concomitantemente com o enfraquecimento da posição e do papel do Estado, na arena internacional ao ceder às pressões de poderosos conglomerados que atuam em escala global, praticamente sem estar sujeitos a regulamentações restritivas ou fiscalizadoras (vide, a este respeito, o AMI - Acordo Multilateral sobre Investimentos, recentemente negociado, com exclusão das economias "emergentes", na OCDE - Organização para a Cooperação e o Desenvolvimento Econômico, e na OMC - Organização Mundial de Comércio).

O vácuo criado pela omissão do Estado na gestão das políticas social, econômica e ambiental criou o contexto propício para a emergência de inúmeros grupos de cidadãos voluntários, congraçados em ONGs - organizações não-governamentais, que estão se tornando porta-vozes em defesa dos interesses da coletividade, contra a burocracia insensível e impiedosa do Estado, e as investidas avassaladoras do capital transnacional.

Diante da onda avassaladora da integração imposta de cima, a opção alternativa é pela associação e integração democrática, cujos principais atores serão os membros da sociedade civil, reunidos nas diversas organizações de bairro, comunitárias, profissionais ou religiosas, mobilizados e motivados pelos ideais dos Direitos Humanos e justiça social, como paradigma dominante da nova ordem mundial.

Os regimes políticos atuais, baseados na lógica do mercado e orientados para a exacerbação do consumo material, sem preocupação com o uso racional dos recursos naturais e a preservação do meio ambiente, parecem incapazes de conceber e implantar políticas condutivas à sustentabilidade. A ascensão das ONGs, apesar de avanços e retrocessos temporários, tem exercido papel fundamental, além de sua participação crescente e irrecusável nas conferências internacionais convocadas pelas Nações Unidas, na concretização lenta, mas segura, em direção à humanização das relações entre governos e governados, em praticamente todas as sociedades.

São significativas as conquistas da humanidade, graças à presença e ao empenho das ONGs, nos cenários nacional e internacional, durante os últimos anos. O banimento das minas-terrestres, a criação da Corte de Justiça de Roma; a aprovação do protocolo de Kyoto; a resistência ao AMI e o fortalecimento do combate à violação dos Direitos Humanos, em praticamente todos os países, devem ser motivos de orgulho e de confiança no futuro da sociedade democrática mundial. Colocando a tecnologia de ponta a serviço da intercomunicação e constituição de redes, com vastas ramificações internacionais, a participação democrática constitui um desafio inédito às políticas e a postura autoritária e centralizadora do Estado que se tornou agente da globalização imposta pelas forças econômico-financeiras e da mídia, cuja atuação reduz os cidadãos comuns a meros objetos descartáveis e manipuláveis, tanto no sistema de produção quanto nas manifestações da cultura de massa, de consumo e de lazer.

A emergência de iniciativas locais ou mesmo internacionais organizadas por grupos de voluntários protestando ou resistindo, desde a construção de centrais nucleares até a repressão de liberdades democráticas e, mais recentemente, contestando as reuniões das organizações multilaterais, constitui um fenômeno inédito no cenário político internacional.

A nova ordem mundial está sendo construída por esses diferentes atores sociais, na transição de um mundo de estados territoriais e soberanos, para uma sociedade planetária.

Não podemos perder de vista o objetivo estratégico de longo prazo – a construção de uma sociedade sustentável amparada em um sistema de governança global.

Reafirmamos, todavia, nossa premissa que percebe a realidade como construção social, e acreditamos que, como nunca antes na História da humanidade, os povos do mundo têm seu destino e o das gerações futuras em suas próprias mãos.

Políticas Públicas

As intervenções do poder público no espaço urbano ou metropolitano partem do pressuposto que este seria apenas um território geográfico e físico delimitado, com carências identificadas de infra-estrutura e equipamentos para as atividades produtivas. Contudo, o território representa muito mais do que a base física para as relações entre indivíduos e grupos. Cada aglomeração urbana reflete uma teia complexa de relações, com suas raízes históricas, identidades construídas e agrupamentos sociais, culturais e políticos regidos por um conjunto de normas, padrões de conduta e valores. É dentro desse espaço social e cultural que os indivíduos, ao perseguirem objetivos pessoais e coletivos em busca de sua ascensão social, encontram também um "sentido para suas vidas".

Por que as intervenções do poder público municipal visando à melhoria da qualidade de vida das populações urbanas mais carentes produzem resultados tão pouco expressivos?

Os programas e projetos, mesmo quando tecnicamente bem elaborados e dotados de recursos financeiros adequados, seguem os padrões tradicionais, hierarquicamente centralizadores e autoritários que caracterizam a nossa estrutura social, desde os tempos da colônia até aos nossos dias. As relações de mando autoritário estão presentes na família, na escola, nas empresas e na administração pública.

Predomina a preferência dos governantes, independentemente dos partidos que estiverem no poder, por um planejamento e controles centralizados no processo de tomada de decisões, em oposição a medidas de descentralização, autonomia e autogestão. Essas atitudes estão sendo justificadas pela crença de que decisões técnicas e jurídicas seriam suficientes para resolver os conflitos de interesses e de valores em jogo.

A burocracia desafia e nega a eficácia de decisões em políticas públicas por via de debates e votos em assembléias democráticas. Agravam essa resistência ao processo democrático a falta de compromisso de longo prazo dos servidores públicos devido à instabilidade do contexto político e a falta de credibilidade da maioria dos políticos. Por último, estão sempre presentes dilemas decorrentes de incertezas técnicas e científicas e a complexidade do arcabouço jurídico-legal que influem na definição de prioridades e na alocação de recursos, sempre escassos.

A construção de projetos alternativos baseados nas premissas de cooperação, solidariedade e justiça social constitui o pilar de um regime de democracia participativa, em substituição à coerção exercida mediante o marketing político e a manipulação da opinião pública pela mídia oligopolizada.

O neoliberalismo em ascensão no final do século vinte enfraqueceu o potencial democrático da luta pelos direitos humanos, característica central de nossa época, com uma estratégia dividida em três etapas: na primeira, privilegiam-se os movimentos e organizações do terceiro setor como expoentes da suposta solidariedade social. A ênfase na importância dos direitos civis ofusca a luta pelos direitos políticos. Ainda mais residual e relegada fica a terceira etapa, a conquista dos direitos sociais e econômicos – emprego, habitação, educação, saúde e lazer para todos.

Os movimentos em prol da emancipação de toda a humanidade e da conquista plena da cidadania procuram resgatar a natureza e a dinâmica indissoluvelmente interligada das três dimensões, desde os direitos básicos à uma existência material e emocionalmente assegurada até à liberdade, à participação democrática e à justiça social. É a concretização do conjunto dessas três reivindicações que constitui o paradigma alternativo ao modelo neoliberal.

A modernidade neoliberal provocou a desarticulação da luta pelos direitos humanos e a invasão do mundo de trabalho, gradualmente transformado em mundo de pobreza, marginalidade e exclusão. Os temas pobreza e desigualdade acabam sendo afastados dos debates políticos, deslocados para a categoria de fenômenos regidos pelas leis da "natureza" ou da economia. Em outras palavras, poderiam ser solucionados somente pelo crescimento econômico e, até lá, são sujeitos ao tratamento pela gestão técnica ou pela filantropia.

Os donos do poder qualificam o discurso e as reivindicações pelos direitos à cidadania como manifestações de atraso e que criariam obstáculos à ação modernizadora do mercado. Em vez de responsabilidade política, oferecem a responsabilidade moral e a "comunidade solidária" que distribui benefícios e serviços que impedem a formulação de metas e objetivos da luta pelos direitos à cidadania como uma questão pública. Pobreza passa a significar objetivamente a negação desses direitos, condenando a maioria da população à condição de dependentes de caridade alheia, e, ao mesmo tempo, sufocam o espírito de reivindicação e luta.

Uma das lições mais importantes ao se estudar o relativo fracasso das políticas urbanas é que a busca de melhorias precisa envolver a população local de uma forma democrática e participativa. Mesmo os habitantes de favelas mais pobres constituem uma valiosa fonte de recursos humanos aptos para realizar tarefas que projetos técnicos executados somente por burocratas e assalariados não seriam capazes.

A cooperação em projetos e tarefas comuns permite organizar a população em movimentos comunitários, ONGs e associações diversas que, quando unidas e federadas, terão mais poder de negociar com as autoridades por verbas e recursos, tais como materiais para a autoconstrução de casas (mutirões) e a infra-estrutura de saneamento.

O próximo passo seria a luta pelo direito à residência e a propriedade dos terrenos ocupados, condição fundamental para os direitos à cidadania ativa e responsável, de uma população consciente e ciosa das tarefas de transformação do meio ambiente, inclusive das questões de segurança e a luta contra as drogas e a delinqüência.

Descentralizar significa transferir mais poder aos munícipes e mais direitos de cidadania, condição *sine qua non* para a superação dos gargalos criados no processo de urbanização e concentração nas megacidades.

A solução dos problemas ambientais e respostas adequadas aos desafios do desenvolvimento não dependem somente de bons programas, projetos e de planejamento estratégico, mas, principalmente, do engajamento consciente e voluntário dos diversos segmentos da sociedade na gestão de seus destinos.

Por isso, a Urbis 2002 – o Congresso Internacional de Cidades visa promover a troca de experiências e a celebração de acordos de cooperação entre municípios do Mercosul e de outras regiões do mundo, a fim de difundir os projetos mais criativos e com melhores resultados em termos de inclusão social. Uma das lições mais preciosas das últimas décadas é que o combate à pobreza, a melhoria dos serviços de saúde e educação e o próprio desenvolvimento sustentável são tarefas que exigem esforços e envolvimento coletivos, de toda a sociedade.

Parcerias e cooperação de municípios em programas e projetos com objetivos idênticos reforçam a capacidade de negociação com os governos centrais e os organismos de financiamento internacionais. As redes de atuação concertada e coordenada, além de produzir resultados mais significativos seguindo o princípio de "eficiência coletiva", contribuirão também para a expansão e o fortalecimento da teia de relações democráticas no processo de universalização – a integração de toda a humanidade.

Sustentabilidade – uma visão humanista

Um dos resultados mais perceptíveis das conferências internacionais na ultima década foi a incorporação da sustentabilidade nos debates sobre desenvolvimento. Governos, universidades, agências multilaterais e empresas de consultoria técnica introduziram, em escala e extensão crescentes, considerações e propostas que refletem a preocupação com o "esverdeamento" de projetos de desenvolvimento e a "democratização" dos processos de tomada de decisão.

Muitas ONGs, adotando um posicionamento crítico em relação à definição oficial de desenvolvimento dos governos e agências internacionais, entendem sustentabilidade como o princípio estruturador de um processo de desenvolvimento centrado nas pessoas e que poderia se tornar o fator mobilizador e motivador nos esforços da sociedade para transformar as instituições sociais, os padrões de comportamento e os valores dominantes.

Contudo, a falta de precisão do conceito de sustentabilidade evidencia a ausência de um quadro de referência teórico, capaz de relacionar sistematicamente as diferentes contribuições dos discursos e campos de conhecimentos específicos. Por outro lado, essa situação reflete a indecisão prevalecente das elites em definir um plano e programa de ação coerentes, que aceitem e incorporem as crescentes críticas dirigidas ao modelo de desenvolvimento convencional e ainda dominante.

A fórmula atualmente usada nos discursos políticos e científicos, "economicamente viável, socialmente eqüitativo e ecologicamente sustentável", não leva a formas e meios de combinar e integrar metas e valores derivados das teorias sobre progresso técnico e produtividade com a proteção e conservação dos recursos naturais e do meio ambiente. Com relação à reivindicação de eqüidade intra e intergerações e redução de disparidades nos níveis nacional e internacional, a fórmula é ainda menos satisfatória.

O conceito de sustentabilidade transcende o exercício analítico de explicar a realidade e exige o teste de coerência lógica em aplicações práticas, em que o discurso é transformado em realidade objetiva. Os atores sociais e suas ações adquirem legitimidade política e autoridade para comandar comportamentos sociais e políticas de desenvolvimento por meio de prática concreta. A discussão teórica, portanto, revela uma luta disfarçada pelo poder entre diferentes atores sociais, competindo por uma posição hegemônica, para ditar diretrizes e endossar representações simbólicas de sustentabilidade, seja em termos de biodiversidade, sobrevivência do planeta ou de comunidades auto-suficientes e autônomas.

Sustentabilidade também nos remete a uma dimensão temporal pela comparação de características de um dado contexto ecológico e sociocultural no passado, no presente e no futuro. O primeiro serve como parâmetro de sustentabilidade, enquanto o último requer a definição do estado desejável da sociedade no futuro. Experiências políticas passadas, que tentaram impor às gerações presentes os sacrifícios necessários para construir o futuro, revelam o relacionamento conflituoso e complexo subjacente a um problema aparentemente simples, conceitual ou taxonômico.

Enquanto as práticas dominantes na sociedade (econômica, política, cultural) são determinadas pelas elites de poder; essas mesmas elites são também as principais referências para a produção e disseminação de idéias, valores e representações coletivas. Assim, a força e a legitimidade das alternativas de desenvolvimento sustentável dependerão da racionalidade dos argumentos e opções apresentadas pelos atores sociais que competem nas áreas política e ideológica. Cada teoria, doutrina ou paradigma sobre sustentabilidade terá diferentes implicações para a implementação e o planejamento da ação social.

Instituições e políticas relacionadas à sustentabilidade são construções sociais, o que não significa serem menos reais. Entretanto, sua efetividade dependerá em alto grau da preferência dada às proposições concorrentes avançadas e defendidas por diferentes atores sociais. Portanto, é útil começar com uma breve revisão dos principais argumentos que as várias correntes e atores têm desenvolvido a fim de dar plausibilidade e substância a suas diversas reivindicações de sustentabilidade.

O DISCURSO DOS CIENTISTAS SOCIAIS

O argumento central desenvolvido pelos economistas a favor da sustentabilidade gira em torno da noção de eficiência no uso dos recursos do planeta. A alocação eficiente de recursos naturais, respeitando ao mesmo tempo as preferências dos indivíduos, seria mais bem executada em um cenário institucional de mercado competitivo. As possíveis distorções desse mercado poderiam ser corrigidas pela internalização de custos ambientais e/ou eventuais reformas fiscais, coletando-se mais taxas e tributos dos responsáveis pelos processos poluentes. A sustentabilidade seria alcançada pela implementação da racionalidade econômica em escala local, nacional e planetária.

Mas, para alcançar uma redução nos níveis globais do consumo per capita, controles severos são recomendados, para serem impostos por uma autoridade internacional um tanto abstrata. O brado por "limites de crescimento" também tem conseqüências sociais e éticas tendo em vista as disparidades regionais e internacionais. Por outro lado, o paradigma convencional, insistindo sobre a prioridade de "primeiro fazer o bolo", prometendo sua distribuição em futuro remoto, nunca resultou em relações sociais eqüitativas e sustentadas.

A premissa dos sociólogos de que os pobres são as principais vítimas da degradação ambiental é subjacente à ligação entre eqüidade e sustentabilidade. Presumindo que as raízes da degradação ambiental são também responsáveis pela iniqüidade social, este discurso postula a inseparabilidade analítica entre ecologia e justiça em um mundo caracterizado por fragmentação social, apesar de seus problemas ambientais comuns. A pressão sobre os recursos naturais tem de ser relacionada a práticas de distribuição injustas, dependência financeira e falta de controle sobre tecnologia, comércio e fluxos de investimentos.

Uma análise sistêmica desse processo de retro-alimentação circular revela o relacionamento político e social conflituoso que destrói a base de reprodução da natureza e dos grupos sociais que dela dependem. Seguindo esse raciocínio, diversas considerações éticas são desenvolvidas, especialmente em relação às conseqüências danosas associadas a tecnologias de alto risco.

Economistas e tecnocratas gostariam que acreditássemos nas virtudes da ESAP – as políticas de ajuste estrutural econômico louvadas como "solução" para os problemas de desenvolvimento pelas agências de financiamento multilaterais. Políticos e executivos corporativos insistem nas vantagens da concorrência em um mercado global. Todos esses discursos ou modelos não explicam os paradoxos que caracterizam a atual situação mundial: o PMB (Produto Mundial Bruto) passou da marca de 25 trilhões de dólares, ao passo que nunca existiram tantas pessoas pobres.

O conhecimento e as inovações científicas e tecnológicas ultrapassam nossa imaginação, enquanto nunca existiram tanta ignorância e superstição. Existem comida e bens materiais em abundância para os quase seis bilhões de habitantes da terra. Entretanto, pessoas e animais perecem devido à fome e à desnutrição. Com todo o nosso conhecimento baseado nas ciências naturais, exatas e sociais, somos incapazes de atender o crescente número de seres humanos que estão se tornando desempregados, sem-teto e espiritualmente alienados. Esse sistema é, claramente, insustentável do ponto de vista econômico, cultural, ambiental, social, político e, certamente, ético. Para exemplificar, apontamos a insustentabilidade, ou o ciclo vicioso, produzido pelas políticas econômicas do sistema.

As práticas de crescimento econômico convencionais resultam em enormes custos sociais e ambientais, ocultos. Estes costumavam ser externalizados ou transferidos para toda a sociedade, com os ganhos e benefícios do crescimento apropriados por uma minoria. Pressões para remediar ou aliviar esta situação levam à diminuição da capacidade do Estado em aumentar sua arrecadação por impostos e taxas de valores mais altos. Déficits orçamentários e fiscais contínuos resultam em altos níveis de dívida interna, externa e social. Emitir mais moeda, um método freqüentemente adotado pelos governos de países em desenvolvimento, estimula a inflação, a especulação financeira e, finalmente, a desvalorização das moedas nacionais. Esta situação leva os capitalistas a procurar refúgio em ativos mais sólidos, ou a transferir seu dinheiro para paraísos fiscais.

A escassez de capitais resultante e a falta de incentivos para a inovação tecnológica resultam em crescente desemprego e recessão e, assim, em menos recursos para o orçamento do governo. Ao mesmo tempo, o crescimento populacional induz uma demanda maior pelo atendimento das necessidades básicas e qualidade de vida decente para todos. Estas contradições funcionam em um tipo de sistema retroalimentado, um ciclo vicioso de crescimento e recessão, com efeitos cumulativos de polarização e exclusão de contingentes crescentes da população – um processo que não se restringe apenas aos países "em desenvolvimento".

O que aconteceu ao Estado-nação? Como podemos explicar sua incapacidade de proteger sua população das desastrosas flutuações da economia? Enquanto as expectativas populares e demandas por melhorias na qualidade de vida aumentam, o Estado perde sua capacidade de atender às necessidades básicas e proteger seus cidadãos contra o desemprego, miséria, crime e violência.

A instabilidade política contínua e a falta de governabilidade são características comuns a todas as sociedades contemporâneas, com poucas exceções. Concorrência e conflitos por recursos escassos tendem a enfraquecer a identidade e solidariedade nacionais, historicamente consideradas os pilares de unidades políticas distintos e independentes.

O DISCURSO POLÍTICO

Em todo o mundo, as sociedades civis estão se organizando e oferecendo resistência crescente, não apenas à poluição ambiental e à degradação dos recursos naturais, mas também aos abusos de poder político e econômico. A questão da democratização do processo de tomada de decisão, relacionada às condições de vida e de trabalho da população, está levando à integração das questões e problemas ambientais e sociais na luta comum pelos direitos humanos básicos. Isto inclui a luta dos cidadãos nas áreas rurais e urbanas para se defender contra práticas predatórias, como a emissão de detritos tóxicos pelas indústrias ou a contaminação do solo e das águas do subsolo pelo processamento de minérios, pesticidas químicos ou fábricas de fertilizantes.

Nesse processo de mobilização de cidadãos a agirem em busca de crescente produtividade econômica, um meio ambiente limpo e o bem-estar social, o fator central não é um sistema democrático formal, mas a construção e o esforço contínuo de instituições democráticas específicas. A questão principal que surge é como criar instituições democráticas capazes de induzir um processo de desenvolvimento socialmente eqüitativo e ecologicamente sustentável, e ao mesmo tempo manter o controle e definir os limites políticos que estabelecem relações de mercado desiguais e desestabilizantes.

Uma melhor compreensão e implementação de tais políticas e princípios exige uma abordagem teórica cuja finalidade vai além da separação analítica dos aspectos técnicos ou ambientais de seus conceitos histórico e sociocultural, em cada sociedade e em escala global.

A qualidade de sustentabilidade reside nas formas sociais de apropriação e de uso de todo o meio-ambiente – não apenas dos recursos naturais. Muitas formas socioculturais de apropriação não capitalistas do meio ambiente tornam-se "insustentáveis" quando são invadidas e "desenvolvidas" pelas práticas capital-intensivas dominantes.

A busca da sustentabilidade, portanto, leva às tensões e conflitos sociais. Enquanto os acadêmicos discursam sobre "população máxima" ou o uso de indicadores, tende-se a ocultar a especificidade social e política da apropriação dos recursos naturais. Os incentivos e privilégios associados aos mecanismos e políticas de mercado aumentam a desigualdade e reforçam os atores sociais poderosos que resistem à extensão dos controles democráticos.

Para resumir, o debate corrente sobre a sustentabilidade exige um quadro teórico que ainda está para ser elaborado. Seus conceitos preliminares revelam a natureza fragmentada da sociedade e os atores sociais que estão lutando pela hegemonia política, tentando afirmar a legitimidade de seus discursos, para impor prioridades em geral e políticas de desenvolvimento em particular. Neste debate, os cientistas sociais, aspirando tornar-se "os filósofos do rei", argumentam freqüentemente sobre a inevitabilidade do sistema atual.

Assim, a questão da sustentabilidade permite aos atores no poder impor suas visões e interesses aos movimentos sociais, às ONGs e mesmo às políticas e diretrizes governamentais. A sustentabilidade não pode ser derivada apenas de um melhor equilíbrio e harmonia com o meio ambiente natural. Suas raízes estão localizadas em um relacionamento interno à sociedade, de natureza econômica e politicamente equilibrada e eqüitativa.

Se a ênfase predominante for colocada na produtividade, concorrência e consumo individual (impulsionado pela imperativa redução do espaço de tempo necessário para produzir um retorno sobre o investimento), então as dimensões sociais e culturais de identidade pessoal, responsabilidade e solidariedade serão negligenciadas. Isto, por sua vez, resultará em efeitos dramáticos para a coesão e continuidade da organização social. As atividades econômicas são governadas por mecanismos impessoais – o mercado e o Estado. Baseados na evidência da história contemporânea, devemos presumir que ambos falharam em produzir um equilíbrio aceitável entre eficiência econômica e justiça social.

A crise atual e o desafio enfrentado por todas as sociedades apontam para a urgente necessidade de sobrepujar a tensão permanente e os resultantes conflitos entre a ganância e o interesse próprio individual de um lado, e a demanda imperativa por ajuda mútua e cooperação, de outro.

Construindo uma economia sustentável

Além do volume impressionante de bens e serviços, a industrialização baseada em progresso técnico e abundância de matérias-primas produziu um número infinito de problemas ambientais e sociais referidos como "custos sociais". Apenas durante as últimas décadas, a sociedade civil começou a resistir e a exigir a internalização dos custos ambientais causados pelas atividades econômicas.

As ONGs e outros movimentos populares exercem pressões sobre os governos, exigindo proteção contra dejetos tóxicos, fumaça, água e ar poluídos. Essas pressões, junto com a percepção crescente da necessidade de proteger e conservar os recursos naturais, e a tendência geral de envelhecimento das instalações e equipamentos industriais devido ao progresso técnico, resultaram na obsolescência e conseqüente abandono de setores inteiros caracterizados por processos fordistas e de alta entropia. Essas operações são típicas dos chamados setores "sol poente", um sinônimo de insustentabilidade.

A mesma definição seria aplicada às indústrias baseadas em matérias-primas não-renováveis e uso intensivo de recursos energéticos produzindo grandes quantidades de bens não-recicláveis. Outra categoria é representada por produtos baseados em materiais tóxicos e não biodegradáveis, assim como atividades de mineração e extração de baixo valor agregado e alta poluição ambiental, causada por dejetos sólidos e líquidos. Áreas rurais também são afetadas por um grande número de agrotóxicos, pesticidas e fertilizantes químicos que penetram no solo e contaminam as águas subterrâneas. Isso tem conseqüências dramáticas sobre a saúde humana, vegetal e animal a longo prazo, e seus efeitos são percebidos em um número cada vez maior de locais de produção, ativos ou abandonados.

Uma das mais trágicas – e dispendiosas – atividades econômicas é representada pelas instalações de energia nuclear. O número considerável de acidentes, a disposição incerta dos detritos e a desativação das instalações depois de 40 ou 50 anos de serviço permanecem como uma série de problemas não resolvidos, novamente transferidos para as gerações futuras.

As alternativas que surgem de indústrias "sol nascente" são baseadas em um novo paradigma técnico-econômico com processos de baixa entropia. Estas indústrias procuram fazer uso eficiente de materiais, da energia e da capacidade criativa da força de trabalho. Seus produtos são recicláveis por definição, e normas e incentivos vão assegurar a proteção dos seres humanos e a conservação do meio ambiente (como o "selo verde" e a ISO 14.000).

O uso racional de recursos escassos vai exigir produtos e processos que estejam baseados na inovação, conservação e invenção de todos os tipos de produtos recicláveis e biodegradáveis. Novas indústrias já estão crescendo e se expandindo, seja pelo reflorestamento de grandes áreas degradadas, a administração racional dos recursos hídricos ou a restauração de prédios e distritos nas cidades.

Uma transformação similar, embora mais silenciosa, está em andamento na agricultura. Um número sempre crescente de consumidores está virando as costas para produtos alimentares industrializados, preferindo comida natural à base de fertilizantes orgânicos e controle biológico de pragas. Enfrentando reações e resistência crescentes aos reatores nucleares, alguns países europeus decidiram descontinuar seus programas de energia nuclear e investir pesadamente em pesquisa e desenvolvimento de conservação e recursos energéticos alternativos, solares, eólicos ou biomassas.

Forte pressão está sendo exercida sobre os produtores de automóveis e máquinas, para que pesquisem e produzam veículos eficientes, seguros e recicláveis, enquanto os administradores públicos – municipais e regionais – são induzidos a optar por sistemas de transporte de massa em cidades congestionadas por um número excessivo de carros particulares.

O novo paradigma de produção, deslocando-se na direção da sustentabilidade, estabelece-se não apenas nas atividades industriais e agrícolas, mas também penetra cada vez mais no setor de serviços. Práticas fordistas usadas em grandes fábricas com milhares de empregados trabalhando em linhas de montagem, condicionados por estudos de "tempo e movimento", e disciplinados pela "cenoura na ponta da vara" estão desaparecendo gradual mais irreversivelmente. As empresas, antes estruturadas burocrática e hierarquicamente, estão sendo substituídas não apenas por instalações e *layouts* de menor escala, mas também por organizações mais flexíveis e sistemicamente mais integradas.

A integração sistêmica, baseada em informações altamente interativas e serviços de comunicação, introduz mudanças no *layout*, fluxo de bens e materiais e, mais do que tudo, no prevalecente sistema de relacionamento humano interno à organização. Novos conceitos e esforços para introduzir o trabalho em grupo, a participação ativa e a eficiência coletiva são os princípios norteadores que estão substituindo os princípios e práticas da administração taylorista no nível da fábrica. Gerentes e líderes de grupo são treinados para se tornar formadores de equipes, cujo papel primário é motivar, antes de controlar ou penalizar pessoas, com recompensas simbólicas por idéias criativas, melhorias de qualidade e inovações incrementais secundárias.

Essas inovações podem representar os primeiros passos na busca de um novo paradigma econômico e, também, de um novo estilo de vida e valores que rejeitem a acumulação ilimitada e o consumo conspícuo.

Uma exigência básica para esse esforço é a análise e avaliação críticas das hipóteses e conceitos dominantes, tais como:

• a tendência inercial em direção ao equilíbrio e harmonia do sistema econômico;

• a analogia funcional entre a evolução social e biológica, por estágios determinados de crescimento e declínio;

• a precedência inevitável do crescimento econômico sobre a distribuição;

• o papel de ciência, tecnologia e planejamento como principais variáveis nas mudanças sociais;

• a confusão entre mercado e democracia, ignorando as tendências centralizadoras do controle econômico, financeiro e da informação.

A fim de avançar na direção da sustentabilidade, devemos redefinir o significado de riqueza e progresso diante de uma visão de vida e de sociedade mais integrada e sistêmica. Como sobrepujar a tensão dialética entre instituições especializadas e organizações altamente efetivas em suas missões, e a urgente necessidade de a sociedade induzir essas mesmas organizações a assumirem maiores responsabilidades pelo bem comum?

Para construir uma sociedade sustentável, é essencial entender que um meio ambiente saudável é condição necessária para nosso bem-estar, o funcionamento da economia e, enfim, a sobrevivência da vida na terra. Entretanto, a vida – individual e social – não pode ser reduzida somente às funções biológicas e de produção-consumo.

Cooperação, compaixão e solidariedade são valores vitais para a sobrevivência e a qualidade de vida. Participação consciente e ativa nas decisões sobre sua própria vida e a vida coletiva dá significado ao empenho humano. Contudo, mesmo democracia e participação que proporcionam direitos e oportunidades eqüitativas para acesso à informação, trabalho, serviços básicos sociais e culturais não são garantias suficientes para a sustentabilidade.

Políticas ambientais racionais, assim como eficiência econômica baseada em ciência e tecnologia, podem ser condições necessárias, mas não suficientes, para a sustentabilidade sociocultural. Esta exige um sistema político com poderes para planejar, coordenar e fornecer diretrizes a um infinito número de unidades autônomas, independentes, administradas democraticamente e no completo controle de seus recursos. Tal sistema permitiria a criatividade e auto-realização de seus membros, de acordo com suas vocações, interesses e personalidades.

O mais importante avanço na evolução do conceito de sustentabilidade é representado pelo consenso crescente que esta requer e implica democracia política, eqüidade social, eficiência econômica, diversidade cultural, proteção e conservação do meio ambiente. Esta síntese, ainda que não aceita por todos, tenderá a exercer uma influência poderosa na teoria e na prática social, nos anos vindouros.

Desenvolvimento: lições do "curto século" XX

O mundo está em crise, à beira de uma conflagração bélica de conseqüências dificilmente previsíveis. A invasão do Iraque, tal como a guerra do Afeganistão, deixará, em sua trilha, dezenas de milhares de mortos e mutilados e um número incalculável de vítimas em potencial de minas terrestres espalhadas por um imenso território cuja infra-estrutura foi (no Afeganistão) e será (no Iraque) totalmente destruída.

Apesar da rejeição e resistência das populações e da tímida e contraditória atitude de recusa de apoio por parte da maioria dos governos representados nas Nações Unidas, o governo dos Estados Unidos continua, tal como um Juggernouth, a concentrar tropas, equipamentos e material bélico, supostamente convencional, para apagar do mapa o Iraque, onde será instalado depois um regime "democrático" (seria do tipo dos emirados do Golfo ou da Arábia Saudita?).

Apesar das manifestações em massa contra a guerra iminente nas principais capitais do mundo ocidental, os protestos estão longe de mobilizar a maioria das populações que permanece passiva e silenciosa. Para deter a ameaça da guerra seria preciso um movimento global, com ramificações em todos os países, pressionando os governos a se distanciarem de Washington, isolando sua iniciativa bélica. A repercussão será também interna aos EUA, detonando um movimento de resistência civil, de todas as camadas sociais e faixas de idade, mormente da juventude.

Esta será a prova da validade da tese sobre a universalização da luta por um mundo sustentável cujos promotores seriam as ONGs, movimentos sociais, Igrejas, sindicatos, partidos políticos e intelectuais que rejeitam a globalização imposta pelo capital transnacional e seus servidores – os intelectuais "orgânicos" – e preconizam a eqüidade, justiça, a paz e plena vigência da Carta dos Direitos Humanos, para todos.

Não basta, contudo, a negação da (des) ordem atual com seus efeitos devastadores. É preciso reconstruir a reflexão e os debates sobre os rumos que queremos imprimir à evolução social e política – o futuro desejado da humanidade.

Depois de setenta anos, o socialismo real desmoronou na ex-URSS e nos países satélites, enquanto prosperava a ideologia e a prática neoliberal, prometendo o fim da História e da luta de classes, enfim a prosperidade infinita nos marcos do paradigma do mercado.

A denúncia das mazelas e da repressão brutal da ditadura stalinista não deve ocultar os desastres, as crises e as guerras na esteira do desenvolvimento capitalista no século XX. As dezenas de milhões de mortos de duas guerras mundiais, a devastação de áreas rurais e urbanas, as lutas pela descolonização na Ásia e na África e os milhões de refugiados e expulsos de seus *habitats* tradicionais formam apenas algumas das dimensões da expansão "vitoriosa" do regime capitalista pelo mundo afora.

Longe de promover a ordem, o progresso e o desenvolvimento, a expansão do sistema industrial baseada em ciência e tecnologia nos contemplou com a proliferação de armas de destruição em massa (o motivo alegado para a ameaça de invasão militar do Iraque) e sua generalização, graças aos fornecimentos dos países desenvolvidos, resultou na deterioração da biosfera e na queda da qualidade de vida em todos os quadrantes. A continuidade dessas tendências destrutivas impulsionadas pelo "progresso técnico", por mais que possam estimular um crescimento econômico ("perverso", por não distribuir eqüitativamente os frutos de trabalho), leva-nos às margens do caos e de conflitos que colocam em risco a própria sobrevivência da humanidade.

É fato incontestável que as desigualdades aumentaram nas últimas décadas do século XX, tanto nos países quanto entre estes. Como explicar a persistência dessa perversão, apesar dos programas nacionais e internacionais para induzir e alavancar o desenvolvimento? Embora essa tendência seja inerente à própria dinâmica do sistema de acumulação e reprodução do capital, seus impactos foram agravados devido às políticas de liberalização e desregulação do comércio na onda da globalização.

A maioria dos economistas, desde o pós-guerra (S. Kuznets, W. Arthur Lewis, a CEPAL de Raúl Prebisch e muitos outros) postulava a superação paulatina da pobreza com o crescimento econômico e a industrialização. Mesmo com a ampliação inicial do fosso entre pobres e ricos, no final o maior equilíbrio iria resultar das transformações estruturais e dos novos investimentos e tecnologias. Como exemplos foram citados o Japão, Coréia do Sul e Taiwan que conseguiram uma transição rápida para o estágio de desenvolvimento industrial. Entretanto, o ponto de partida desse processo nos países do Extremo Oriente foi uma distribuição de renda menos desigual, o que questiona a premissa da desigualdade como condição para o *take-off*. Ao contrário, surgem evidências de que baixos níveis de desigualdade seriam mais propícios ao desenvolvimento, enquanto altos índices de disparidade de renda solapam as bases do crescimento econômico. Segundo Amartya Sen (1999), existe uma correlação significativa entre o crescimento econômico e a maior igualdade na distribuição da renda. Uma distribuição mais eqüitativa constitui-se em fator de estabilidade política, base do desenvolvimento sustentável "por baixo", que permite a incorporação dos excluídos e marginalizados ao mercado formal.

Vários estudos (A. Atkinson, F. Stewart) evidenciam que os países mais bem sucedidos em suas políticas de desenvolvimento foram aqueles que promoveram o crescimento econômico de base ampla, em que os pobres participam também na distribuição dos benefícios. Os países ou regiões que experimentaram um crescimento rápido e sustentado protegeram seus agricultores e comunidades rurais com uma ampla gama de serviços de infra-estrutura e de instituições de extensão e pesquisa, os quais, além de assegurar saúde e educação, ajudaram a elevar a produtividade e a renda do setor rural. O acesso a serviços de educação e saúde, bem como a terra, é fundamental para erradicar a pobreza, sobretudo quando acompanhados por facilidades de crédito e de comercialização.

As previsões sobre o declínio das disparidades na distribuição da renda mostraram-se equivocadas. Mesmo nos países mais ricos, a desigualdade aumentou em conseqüência da globalização. As elites continuam em posição privilegiada para aproveitar e se beneficiar das oportunidades proporcionadas pela abertura dos mercados e as facilidades de transações financeiras especulativas, enquanto a imensa maioria da população deve enfrentar as conseqüências desastrosas da onda de desemprego causada pelas inovações tecnológicas e a redução dos investimentos. Em conseqüência, o desafio da distribuição dos ativos e oportunidades se coloca novamente na pauta dos debates e das políticas nacionais e internacionais de desenvolvimento.

Em resumo, o sistema socioeconômico em que vivemos e os paradigmas de desenvolvimento que engendra mostram-se insustentáveis pelos seguintes motivos:

O processo de crescimento econômico tornou-se estéril por não gerar empregos. Ao contrário, ocorre uma eliminação de postos de trabalho de modo praticamente ininterrupto.

As relações sociais continuam sendo de natureza autoritária, vedando voz e vez às populações carentes. Em muitos lugares ocorre um retrocesso em termos de acesso aos direitos de cidadania e da extensão dos direitos sociais a todos.

O sistema parece implacável em sua dinâmica: os ganhos só beneficiam os ricos, enquanto aos pobres, na melhor das hipóteses, são proporcionados favores clientelistas e políticas filantrópicas paternalistas.

Os efeitos sociais e culturais de seu funcionamento são desestruturadores, posto que a corrida por ganhos econômicos sufoca os valores de cooperação e solidariedade, enquanto reprime as manifestações de identidade cultural autóctona.

O sistema é autodestrutivo. Seu avanço está baseado na depredação ambiental que mina a própria existência e sobrevivência da população, ignorando ou desprezando os direitos das futuras gerações.

Percebe-se, portanto, o esgotamento do paradigma de desenvolvimento capitalista, cuja natureza centralizadora e autoritária inviabiliza uma evolução gradual e pacífica para um convívio democrático e mais solidário. A definição das características de um novo paradigma para uma sociedade democrática e inclusiva, protegida e orientada por um Estado que persiga como objetivo a reestruturação da sociedade, seu espaço urbano, econômico, ecológico e social coloca-se como tarefa central de nossa época. Nesse novo contexto, o Estado retomará suas funções de planejamento e orientação das atividades econômicas, abrindo amplo espaço para todas as atividades criativas e inovadoras, individuais e coletivas.

Desenvolvimento: o novo paradigma

Percebemos a sociedade evoluindo por um processo dialético de contradições: o capital *versus* o trabalho; a democracia formal *versus* a participativa, a centralização *versus* a descentralização administrativa e política. Se, neste período histórico, o capital está sendo crescentemente apropriado por bancos e instituições financeiras, a transformação significa apropriar-se dos bancos para que voltem a prestar seus serviços sem cobrar os juros de usura. Se as empresas dominadas pelo capital distribuem de maneira injusta os ganhos, baixando salários ou "enxugando" o número de funcionários, então a transformação vai levar à participação dos empregados nas decisões paritárias sobre a aplicação dos lucros, na forma de reinvestimentos para elevar a produtividade ou para gerar novos postos de trabalho.

Se a maioria da população não usufrui dos direitos à saúde e educação públicas, gratuitas e de boa qualidade, então a transformação significará a criação de serviços para o atendimento de todos, a fim de que o paradigma atual, injusto e discriminatório por basear-se na riqueza e no poder, seja substituído por outro, enfatizando a cooperação e solidariedade como valores centrais do convívio social.

Ao atribuir prioridade aos serviços de saúde e educação, criam-se também as condições infra-estruturais básicas para a solução dos problemas sociais e tecnológicos mais complexos da sociedade. Sem políticas e diretrizes claras e transparentes, orientadas para a transformação rápida e intensa dos sistemas de educação e saúde, não haverá possibilidade de um desenvolvimento sustentável.

A construção da cidadania para o século XXI passa pela formação de uma cultura cívica que conclame os cidadãos a participar e valorizar suas contribuições. A confiança recíproca assim criada legitima o sistema político e estimula atitudes e comportamentos favoráveis à convivência democrática.

Em última análise, trata-se de transformar o modo de vida que produz e reproduz a concentração de poder, riqueza e informação, enquanto se acumulam, do outro lado, a miséria, a ignorância e a exclusão.

O sistema político, formalmente democrático, é rígido e fossilizado, se autoperpetua por meio da corrupção, falta de transparência e manipulação da população com o auxílio da maioria dos meios de comunicação. Alianças oportunistas e desvinculadas de princípios éticos e políticos claros são constantemente celebradas e refeitas pelas elites conservadoras, atadas e submissas aos ditames e interesses do capital internacional.

Por outro lado, verifica-se a emergência de estruturas e instituições contestatórias, em nível nacional e internacional, comunicando-se e interagindo por meios de comunicação eletrônica.

Seu objetivo precípuo é a mobilização da sociedade civil e seu engajamento na defesa dos Direitos Humanos, do meio ambiente, da justiça social e da democracia.

Em todo o mundo, as sociedades civis estão se organizando e oferecendo resistência crescente, não apenas à poluição ambiental e à degradação dos recursos naturais, mas também aos abusos de poder político e econômico. A questão da democratização do processo de tomada de decisão relacionada às condições de vida e de trabalho da população está levando à integração das questões e problemas ambientais e sociais numa luta comum pelos direitos humanos básicos. Isto inclui a luta dos cidadãos nas áreas rurais e urbanas para se defender contra práticas predatórias, como a emissão de detritos tóxicos pelas indústrias ou a contaminação do solo e das águas do subsolo pelo processamento de minérios, pesticidas químicos ou fábricas de fertilizantes.

Neste processo de mobilização de cidadãos a agirem em busca de crescente produtividade econômica, um meio ambiente limpo e o bem-estar social, o fator central não é um sistema democrático formal, mas a construção e o esforço contínuo de instituições democráticas específicas. A questão principal que surge é como criar instituições democráticas capazes de induzir um processo de desenvolvimento socialmente eqüitativo e ecologicamente sustentável, e ao mesmo tempo manter o controle e definir os limites políticos que estabelecem relações de mercado desiguais e desestabilizantes.

Hipotetizamos que o exercício de poder em sociedades complexas não pode ser reduzido a meras manipulações técnicas e administrativas, ignorando as aspirações dos atores sociais – os cidadãos. Por isso, um dos problemas centrais das sociedades contemporâneas reside na criação de um sistema de governabilidade democrática em que prevaleçam relações de confiança recíproca entre os cidadãos e o poder público, em todas as esferas, desde as relações interpessoais até as institucionais.

Trata-se do nascimento de um novo padrão de integração política – a democracia participativa. Iniciada em nível local, se estenderá progressivamente pela sociedade mediante "redes" que convergem à constituição de um novo sistema complexo e dinâmico, baseado na autogestão, autonomia cultural e política e interdependência, próprias de uma sociedade democrática, em nível nacional e internacional.

Os movimentos em prol da emancipação de toda a humanidade e da conquista plena da cidadania procuram resgatar a natureza e a dinâmica indissoluvelmente interligada das três dimensões, desde os direitos básicos a uma existência material e emocionalmente assegurada até à liberdade, à participação democrática e à justiça social. É a concretização do conjunto dessas três reivindicações que constitui o paradigma alternativo ao modelo neoliberal.

A modernidade neoliberal provocou a desarticulação da luta pelos direitos humanos e a invasão do mundo de trabalho, gradualmente transformado em mundo de pobreza, marginalidade e exclusão. Pobreza e desigualdade acabam sendo alijados dos debates políticos, deslocados para a categoria de fenômenos regidos pelas leis da "natureza" ou da economia. Em outras palavras, poderiam ser solucionados somente pelo crescimento econômico e, até lá, são sujeitos ao tratamento pela gestão técnica ou pela filantropia.

As tarefas ultrapassam o âmbito estreito de programas de caridade e de assistencialismo filantrópico, tais como desenvolvidos por muitas ONGs e os próprios governos.

Na retrospectiva das últimas duas décadas, percebemos o avanço paulatino da sociedade civil nas confrontações sobre as esferas de decisão, inclusive a alocação de recursos orçamentários. Assim, é possível prever um longo período de "poder dual" em que as autoridades e instituições tradicionais procurem manter o *status quo* na defesa dos interesses das classes proprietárias e da própria tecnocracia a elas aliada. Por outro lado, as múltiplas organizações da sociedade civil adquirem saber e experiência no manejo e na defesa das causas públicas, conquistando maior autonomia e confiança em sua capacidade de gerir seus destinos, no processo de transformação social e política.

Diante da complexidade dos desafios e da multiplicidade dos fatores intervenientes, seria temerário propor uma solução única e milagrosa. O processo de construção de uma sociedade democrática e universal, apesar dos avanços indubitáveis já realizados, será longo e árduo.

Concluindo, acreditamos que uma nova ordem mundial está surgindo da confrontação entre os núcleos de poder do capital transnacional operando em escala planetária e as novas formas de organização da sociedade civil, que se estruturam a partir de inúmeras organizações e movimentos que constituem redes e convergem para um novo sistema de governança, dinâmico e complexo, baseado na autogestão, autonomia cultural e política e interdependência.

Por um desenvolvimento alternativo

O título enseja um exercício de futurologia ou de antecipação, ainda que em termos probabilísticos, dos caminhos da política brasileira nos próximos anos. Tal exercício pode ser considerado como uma "aposta de alto risco" pelas incertezas e multiplicidade de fatores a serem considerados na análise e o risco de discordância por parte daqueles que se sentirão prejudicados pelas críticas e prognósticos.

Convém alertar que análises prospectivas nunca devem basear-se em visões lineares, cartesianas. Estamos lidando com relações sistêmicas complexas, sujeitas à intervenção de poderosos fatores externos que fogem do controle dos atores sociais envolvidos. Estes, embora sujeitos dos processos de interação sociais e culturais, não atuam com todos os graus de liberdade, limitada pelas condições histórico-estruturais herdadas das gerações anteriores.

Afirmando a premissa que "os homens fazem sua História", rejeitamos as interpretações deterministas ou fatalistas que impõem limitações ao imaginário e às aspirações pela mudança da atual conjuntura da sociedade brasileira. Por outro lado, seria impossível ignorar as relações de forças nacionais e internacionais que configuram as políticas do chamado "Consenso de Washington". Nesse contexto, seria possível transitar da sociedade em que a maioria está sendo espoliada e manipulada para uma sociedade informada e participante?

Assumir que a liberalização, a desregulamentação e as privatizações de empresas públicas pudessem sustentar o mercado na alocação de recursos mais eficiente e, assim, abrir o caminho para o desenvolvimento social não passa de uma ilusão repetidamente desmentida pela conjuntura econômica dos últimos vinte anos. Ou, em outras palavras, podemos aceitar que a atual política macroeconômica possa efetivamente criar condições para transformar o panorama social da sociedade brasileira e incorporar os contingentes de marginalizados e excluídos?

O fracasso do neoliberalismo, precedido pela derrocada do socialismo "real" no leste europeu, tornou os cenários nacional e mundial mais incertos e inseguros, refletindo-se também nos impasses e contradições das políticas do governo do PT.

Inquestionavelmente, Lula foi eleito com esmagadora maioria do voto popular, com esperanças de mudanças na condução das políticas públicas e no atendimento dos anseios por mais justiça e bem-estar.

Prensado entre a busca da utopia – uma sociedade mais igualitária e justa – e o realismo do "possível", o governo petista tem seguido o caminho da continuidade das regras de jogo ditadas pelo capital financeiro, nacional e internacional. Mas, a continuação da política macroeconômica do governo anterior torna-se o maior empecilho às mudanças de políticas sociais e ambientais constantes do programa do PT.

Alegam os porta-vozes do governo a herança de dívidas deixadas pelo governo FHC, o contexto conturbado internacional e o risco de retorno da inflação, mas não apontam para o fator central e fundamental: vivemos numa sociedade dividida em que continuam a prevalecer os interesses dos mais ricos e poderosos. Para não contrariá-los e, tampouco aos credores internacionais, teríamos que vestir primeiro a camisa de força da estabilidade macroeconômica e somente depois poderemos pensar sobre como reduzir as desigualdades sociais.

Aponta-se para a queda do dólar, o recuo da taxa de inflação e a diminuição da taxa de risco do país e o ministro da Fazenda promete que o Brasil vai pagar suas dívidas, reduzir seu déficit orçamentário e manter o elevado superávit primário para controlar a inflação, enquanto mantém as taxas de juros em níveis proibitivos para as atividades produtivas, particularmente dos pequenos e médios produtores. Tudo isto permitiria atrair de novo a confiança e, com ela, os investimentos de capital estrangeiro, para alcançar altas taxas de crescimento econômico e realizar depois as políticas de caráter distributivo.

Infelizmente, a queda do dólar e a manutenção da taxa de juros elevada constituem um convite à especulação. É falso o júbilo pelo retorno do capital financeiro volátil e pronto para fugir, no mais leve sinal da conjuntura externa. Numa reunião da executiva nacional do PT, foi endossada a política de Palocci, exigindo-se também a rápida tramitação e aprovação das propostas de reformas tributárias e previdenciária, tudo para inspirar otimismo às decisões dos investidores estrangeiros.

É lícito indagar, sempre à luz de experiências do passado recente, se é realista a expectativa de um "ciclo virtuoso" de crescimento "durável" (ou sustentado) com base nas políticas neoliberais? Os ciclos anteriores caracterizados pela euforia de altas taxas de crescimento se desmancharam com as sucessivas crises e a instabilidade crônica do sistema financeiro internacional, deixando em seu rastro mais perdas e vítimas para os países emergentes. Orgulhar-se de não dar o "calote", em vez de tentar renegociar as dívidas interna e externa que já sugaram imensos recursos do país, parece ingênuo ou mal informado. Os países que melhor souberam resistir às ondas especulativas e que obtiveram bons resultados em suas políticas econômicas foram aqueles que menos se abriram ao capital financeiro internacional – a China, a Índia e a pequena Malásia, que ousara contrariar as prescrições do FMI quanto ao controle de entrada e saída de capital estrangeiro.

A ênfase dada aos problemas da economia tende a ocultar outros aspectos, não menos importantes, de mudanças políticas e sociais, imprescindíveis para impulsionar o desenvolvimento do país. O apelo ao capital estrangeiro parece ignorar a natureza "perversa" da acumulação capitalista que estimula poderosamente a concentração em grandes unidades industriais, comerciais e de serviços, enquanto elimina, ao mesmo tempo, de maneira impiedosa, empregos e pequenas empresas.

Os problemas decorrentes do desemprego e exclusão social não podem ser resolvidos por políticas compensatórias de assistência social, as quais, na melhor das hipóteses, asseguram a sobrevivência física dos pobres, mas não sua inclusão como cidadãos conscientes e ativos. O discurso oficial alude aos sacrifícios que serão exigidos dos assalariados e inativos, mas não menciona os ganhos escandalosos das classes altas e parte da média e seu consumo conspícuo e de desperdício.

Se for impossível obter financiamento externo a taxas de juros decentes (1,5% nos EUA e 2,5% na União Européia), não escaparemos da dolorosa tarefa de levantar recursos para o desenvolvimento no mercado interno, cobrando mais tributos e impostos das elites tradicionalmente sonegadoras. A resistência destas às mudanças, após os primeiros cem dias do governo, irá manifestar-se em todos os níveis quando as reformas tributária e previdenciária ameaçarem seus privilégios históricos. Juízes, militares, empresários, políticos e até algumas categorias sindicais irão manifestar-se contra a racionalização dos benefícios da aposentadoria e a elevação das alíquotas do imposto de renda, indispensáveis para assegurar uma base orçamentária mais sólida para os programas sociais do governo.

Este, receoso do espectro de fracasso à semelhança do governo Fernando de la Rua na vizinha Argentina, parece apostar numa repetição da experiência do Pacto de Monclóa, na Espanha dos anos oitenta, sob a liderança de Felipe Gonzalez. Mas, diferentemente da Espanha, socorrida na época pela União Européia, nossa perspectiva é continuar com a escassez de recursos do poder público, preso aos compromissos das dívidas externa e interna. Será que os bancos concederão créditos mais baratos aos pequenos empresários na indústria e agricultura, se podem obter remuneração mais elevada para suas aplicações ao investir em papéis do próprio governo?

Em conclusão, a crise do sistema capitalista, sobretudo em seu epicentro, a economia norte-americana, não permite apostar numa retomada do crescimento nos moldes tradicionais. Para reverter a tendência ao desemprego, à deterioração da qualidade de vida e o colapso dos ecossistemas necessitamos de um novo paradigma de desenvolvimento capaz de superar os impasses criados – desemprego, polarização, pobreza, desigualdade, insegurança e violência, deterioração do meio ambiente e perda progressiva de qualidade de vida – resultados da dinâmica concentradora e excludente do sistema atual.

"Adiar a utopia", como proclamam alguns dos porta-vozes do PT, para aguardar os resultados altamente problemáticos de políticas convencionais, não evitará a persistência da tendência à concentração de poder e riquezas nas mãos das elites e, tampouco, irá gerar os recursos para impulsionar a agricultura familiar, as pequenas empresas, a educação e os programas de saúde para os mais necessitados e, enfim, toda a sociedade. Afinal, o produto mundial bruto ultrapassou os trinta trilhões de dólares, apesar da crise geral que assola o sistema. Uma distribuição mais eqüitativa resultaria em renda *per capita* de 5 mil dólares por ano, enquanto mais de 1,5 bilhão de pessoas mal sobrevivem com menos de um dólar por dia. No Brasil, com um PIB estimado de 10 mil reais *per capita*, um terço da população vegeta com dois reais por dia.

O novo paradigma de desenvolvimento terá de repensar e redefinir seus objetivos e métodos, enfatizar a mobilização de todos os atores sociais, eliminar as relações de dominação autoritária pela implantação da gestão comunitária e participativa. Tarefa prioritária será a democratização dos processos decisórios, não somente no Conselho de Desenvolvimento Econômico e Social (82 membros), mas em todas as repartições e ministérios, nas escolas e nas empresas, uma reforma que deve capacitar a população a participar das decisões e mobilizar suas energias para os desafios do século XXI.

Outra política econômica (ainda?) é possível

A calamitosa situação econômica e social que caracteriza os países eufemisticamente chamados emergentes ou "em desenvolvimento" exige reflexão e análise críticas quanto aos rumos da política do governo e seu discurso tranqüilizador sobre a próxima retomada do crescimento, tão logo estiver controlada a inflação...

Entretanto, a recessão se alastra, o desemprego aumenta, a miséria se expande e a violência beira os limites do insuportável. Os habitantes das metrópoles sentem-se, literalmente, sitiados pelos bandos de delinqüentes e de narcotraficantes. Os porta-vozes do governo continuam a repetir, como se fosse uma verdade revelada no Monte Sinai, as prescrições do FMI referentes a políticas neoliberais de equilíbrio fiscal, de superávit nas contas externas e de altas taxas de juros para controlar a inflação, sem mencionar o empobrecimento assustador da maioria da população.

Não se apontam as raízes sistêmicas da crise, a recessão que afeta toda a economia capitalista, com queda da produção e do consumo e níveis de desemprego chocantes, enquanto cresce o déficit comercial dos EUA, cuja redução afetaria ainda mais as economias que dependem do mercado norte-americano. Promete-se a retomada do crescimento "sustentado", embora saibamos que este será do tipo *jobless growth*, um crescimento sem geração de empregos, e devastador do meio ambiente. A salvação viria do retorno do IDE – Investimento Direto Externo, mas não se menciona seus efeitos espoliadores e desestruturadores nas cadeias produtivas nacionais.

A experiência do Brasil nas últimas décadas tem demonstrado que grande parte dos recursos aportados é canalizada para adquirir empresas nacionais – na desestatização do setor de serviços públicos financiada pelo BNDES – ou, pior ainda, em aplicações especulativas do mercado financeiro que geraram lucros fabulosos, remetidos ao exterior devido à falta de controle sobre o movimento de capitais. É da natureza "perversa" do capital financeiro procurar o retorno máximo, com risco mínimo e no prazo mais curto. Ademais, esperar por investimentos nos setores produtivos com as taxas de juros vigentes seria simples ilusão ou pura mistificação.

Ao fazer o balanço dos últimos anos, procurando calcular o quanto o Brasil remeteu ao exterior, a título de juros, dividendos e *royalties*, além dos ganhos ilícitos pelo sub e superfaturamento praticados por empresas transnacionais (e, também, as nacionais), fica patente que este modelo conservador de acumulação de capital, supostamente desenvolvimentista, não nos serve, porque concentra ativos, riquezas, poder e informação nas mãos de poucos, enquanto aumenta o fosso entre os *have* e os *have not* pelo mundo afora.

Urge, portanto, pensar e propor alternativas, um novo paradigma de desenvolvimento que, em vez de apostar na competitividade externa, concentre seus esforços no mercado interno, investindo na construção de moradias, no saneamento básico e nos transportes coletivos, em saúde e educação, para arrancar a população do estado de indigência.

A estratégia alternativa priorizará o fomento das PMEs – pequenas e médias empresas, capacitando-as nas áreas de marketing e inovações tecnológicas, enquanto se democratiza o acesso ao capital. Não por acaso, países que seguiram caminhos alternativos, aceitando a vinda de capitais estrangeiros apenas se fiscalizados na entrada e saída do país, como a China e a Índia, viram suas economias crescerem em ritmo impressionante, enquanto o resto do mundo afundava em crises crônicas e sucessivas.

Não é mais possível descartar, sob os rótulos de idealismo ou utopia, mudanças de curso da política econômica. Até a conservadora e neoliberal revista *The Economist*, em matéria sobre finanças globais (*A survey of global finance*), adverte que o recurso ao capital estrangeiro pode carregar em seu bojo calamidades, tais como a insolvência, o conseqüente "calote", a fuga de capitais, inclusive nacionais, crise cambial e desmoronamento do mercado acionário.

Esses efeitos se propagam por todos os setores da economia nacional e, em alguns casos, contagiam regiões inteiras. Exemplos eloqüentes a respeito são as crises financeiras que se abateram sobre a América Latina nos anos oitenta, México em 1994, o Extremo Oriente em 1997-98, nas quais foram perdidos os avanços econômicos conquistados nos anos anteriores. Os anos de 1980 foram batizados como a "década perdida", Argentina e Brasil continuam a enfrentar recessões extremamente severas, enquanto a ameaça de um colapso do sistema financeiro continua presente, afetando também as economias vizinhas.

No momento histórico atual, de recessão prolongada e com as dificuldades crescentes da economia norte-americana para sair do marasmo, crises financeiras domésticas se propagam com seus efeitos desestabilizadores por meio do sistema mundial, deixando em seu rastro ruínas de pequenas empresas, trabalhadores desempregados e famílias desestruturadas.

Por isso, *"The Economist"* chega a desaconselhar o livre fluxo de capitais e defende uma regulação inteligente, tanto no plano nacional quanto internacional. Ao propor ponderar custos e benefícios da mobilidade do capital, a revista sugere que devem ser abandonadas as abordagens ortodoxas da política econômica internacional, porque os riscos são imensos e os ganhos geralmente distribuídos de modo assimétrico.

De um total estimado de investimentos internacionais, em 2001, no montante de 12 trilhões de dólares, os países em desenvolvimento foram receptores de apenas 600 bilhões, concentrados em meia dúzia deles.

É lícito indagar por que o capital dos países ricos não flui naturalmente para os países menos desenvolvidos? Não basta ter acesso ao capital se falta mão-de-obra qualificada, se os direitos de propriedade são mal definidos e se o sistema jurídico não é confiável. Nessas condições, os investimentos estrangeiros nem sempre garantem o retorno esperado. Riscos de instabilidade política, seguida de possíveis alterações nas regras do jogo, constituem outros fatores de impedimento aos investimentos produtivos de longo prazo.

Assim, o contexto internacional, a conjuntura nacional e as perspectivas de negócios não conduzem à criação de um ambiente propício para atrair investimentos estrangeiros. As preocupações e a conseqüente precaução de potenciais investidores tendem a elevar o famigerado "risco país" contribuindo para a deterioração do clima de negócios, em geral. Ademais, a alta taxa de juros que remunera aplicações financeiras desencoraja imobilizações a prazo mais longo e com taxa de retorno inferior.

Um levantamento realizado pelo FMI em 1999 apontou para 64 crises bancárias e 79 crises cambiais, desde 1970, entre nacionais e internacionais, implicando em queda substancial das atividades econômicas e a conseqüente redução do PIB (Produto Interno Bruto) dos países afetados. Em países onde os impactos foram particularmente severos, uma abertura imprudente da economia para o capital estrangeiro pode causar mais efeitos negativos do que positivos.

O contágio de uma crise financeira em um país transborda as fronteiras geográficas e contamina outros, mesmo em regiões distantes. A crise financeira russa de 1998, um efeito retardado da crise nos países do Extremo Oriente em 1997, impactou rapidamente no Brasil e nos outros países latino-americanos. A alta probabilidade de contágio enfraquece as políticas que confiam demais no investimento de capital estrangeiro, particularmente em sua forma mais móvel e volátil, ou seja, dívidas bancárias de curto prazo.

A falha de um banco em honrar seus compromissos, por ter excedido o limite legal de empréstimos ou por ter aplicado seus recursos (depósitos de terceiros) em maus negócios, pode constituir-se em risco para o sistema financeiro como um todo, exigindo a intervenção de Bancos Centrais e Tesouros Nacionais para evitar uma corrida contra os bancos. Foi este o argumento que sustentou o PROER, o programa de socorrer os bancos falidos executado pelo governo brasileiro nos anos 90, com graves prejuízos para a economia e as finanças nacionais.

Muitos países em desenvolvimento ansiosos para atrair investimentos estrangeiros, acenam aos potenciais investidores com subsídios e isenções tributárias cujos custos reais são omitidos. A perda de receitas tributárias e os problemas fiscais posteriores estreitam a base das receitas do governo e assim inviabilizam os programas de gastos sociais e os projetos para melhorar a infra-estrutura. A promessa ilusória de uma moeda estável (Argentina e Brasil, nos anos 90) levou ao ingresso de capital especulativo buscando ganhos de curto prazo.

Com a desvalorização da moeda nacional – Brasil em 1999 e Argentina, no ano 2000 – as economias entraram em crise, por terem excedido os limites legais de empréstimos e financiamentos de curto prazo com altas taxas de juros, cujos débitos deviam ser saldados em dólares. Na proximidade das datas de vencimento, a procura por dólares forçou a alta da moeda estrangeira, sempre escassa em nosso país, o que obrigou o governo a recorrer ao "socorro" do FMI, ao mesmo tempo impedindo a implantação de uma política monetária e fiscal para conter a recessão e lançar os programas prometidos pelo governo de gerar milhões de empregos.

Isso coloca com urgência a questão do controle do capital estrangeiro, na entrada e na saída do país. A história das últimas duas décadas ensina que o mercado de capitais globalizado constitui uma arena turbulenta e perigosa, particularmente para os países mais pobres que não estão preparados, institucional e politicamente, para lidar com as tempestades desencadeadas pelos movimentos erráticos do capital transnacional.

Os exemplos de China, Índia, Malásia e Chile que atravessaram relativamente incólumes as grandes crises financeiras devido aos controles estabelecidos sobre os mercados de capitais, sem perder o acesso aos mesmos, são instrutivos e dignos de serem estudados e, eventualmente, seguidos. Um imposto ou taxa compulsória sobre o investimento de curto prazo oferece a vantagem de transparência e simplicidade nas transações. Obviamente, a eficácia de tal política seria maior se fosse implementada por vários países tomadores de empréstimos e financiamentos, em ações conjuntas e concertadas.

A resistência e as pressões dos centros financeiros só poderão ser enfrentadas se houver acordo básico entre os países devedores nos termos da integração de políticas econômica, financeira e comercial. Afinal, a China e a Índia, apesar de inúmeros percalços no período relativamente curto de sua independência caracterizado por crises e desafios, souberam imprimir ritmo e intensidade a seus processos de crescimento econômico, baseados em tecnologias e inovações geradas internamente (a famosa *self-reliance*) recusando soberanamente a submissão e a dependência às forças externas.

Crescimento ou desenvolvimento

CRESCIMENTO PARA QUEM?

A calamitosa situação econômica e social que caracteriza os países eufemisticamente chamados emergentes ou "em desenvolvimento" exige reflexão e análise críticas quanto aos rumos da política do governo e seu discurso tranqüilizador sobre a próxima retomada do crescimento, tão logo estiver controlada a inflação...

Entretanto, a recessão se alastra, o desemprego aumenta, a miséria se expande e a violência beira os limites do insuportável. Os habitantes das metrópoles sentem-se, literalmente, sitiados pelos bandos de delinqüentes e de narcotraficantes. Os porta-vozes do governo continuam a repetir, como se fosse uma verdade revelada no Monte Sinai, as prescrições do FMI referentes a políticas neoliberais de equilíbrio fiscal, de superávit nas contas externas e de altas taxas de juros para controlar a inflação, sem mencionar o empobrecimento assustador da maioria da população.

Espanta o grau de mistificação usada pelos formuladores da política econômica ao induzir a população a acreditar na solução de seus problemas a partir de um indicador estatístico freqüentemente manipulado. A doutrina convencional afirma que o crescimento da taxa do PIB (Produto Interno Bruto) seria o único caminho para o progresso e o bem-estar. A realidade contradiz o discurso otimista do governo, dos empresários e da academia. O PIB reflete somente uma parcela da realidade, distorcida pelos economistas, ou seja, a parte envolvida em transações monetárias. Funções econômicas desenvolvidas nos lares e atividades de voluntários acabam sendo ignoradas e excluídas da contabilidade nacional. Em conseqüência, a taxa do PIB oculta não somente a crise da estrutura social, mas também a destruição do *habitat* natural – base da economia e da própria vida humana.

Paradoxalmente, efeitos desastrosos são contabilizados como ganhos econômicos. O crescimento pode conter em seu bojo sintomas de anomia social. A onda de crimes nas áreas metropolitanas impulsiona uma próspera indústria de proteção e segurança que fatura bilhões. Os números de carros blindados e de helicópteros usados em São Paulo são dos mais altos no mundo. Seqüestros e assaltos a bancos atuam como poderosos estimulantes dos negócios das companhias de seguro, aumentando o PIB.

Algo semelhante ocorre com o ecossistema natural. Quanto mais degradados são os recursos naturais, maior o crescimento do PIB, contrariando princípios básicos da contabilidade, ao considerar o produto da depredação como renda corrente. O caso da poluição ilustra melhor essa contradição, aparecendo duas vezes como ganho: primeiro, quando produzida pelas siderúrgicas, petroquímicas ou mineradoras e, novamente, quando se gastam verdadeiras fortunas para limpar os dejetos tóxicos dessas indústrias despejadas no ar ou nos rios.

Outros custos da degradação ambiental, tais como gastos com médicos e medicamentos, são contabilizados como crescimento do PIB. Essa contabilidade ignora a distribuição da renda, ao apresentar os ganhos auferidos no topo da pirâmide social como ganhos coletivos. Tempo de lazer e o convívio com a família são considerados sem valor monetário. O excesso de consumo de alimentos e seu tratamento com dietas ou cirurgias plásticas são outros exemplos da contabilidade no mínimo bizarra, sem falar dos bilhões gastos com tranqüilizantes e tratamentos psicológicos.

Outro paradoxo decorrente da globalização embaralha ainda mais o indicador do PIB. Antes, os ganhos das corporações transnacionais eram contabilizados pelo país-sede da empresa, para onde os lucros eram remetidos. Na contabilidade atual, os lucros são atribuídos ao país da localização das fábricas, embora não permaneçam lá. Oculta-se, assim, um fato básico: as empresas dos países ricos exploram e expatriam os recursos dos pobres, chamando isso de "desenvolvimento".

Como medir ou avaliar o "progresso" de uma sociedade? Até as organizações multilaterais – BIRD, BID, UNESCO – passaram nos últimos anos a introduzir critérios sociais e qualitativos para avaliar os avanços em direção ao desenvolvimento com sustentabilidade. Ao avaliar o estado da sociedade devemos considerar a economia, além da produção e do consumo de bens e serviços, como a atividade destinada a resgatar o sentido do trabalho e da vida, refletindo o grau de cooperação e solidariedade alcançado pelos membros da sociedade. Nesse sentido, muito mais do que números abstratos e manipulados, os cuidados e o desvelo com que o coletivo se dedica aos mais fracos, aos deserdados e discriminados – crianças, idosos, minorias étnicas, desabrigados e desempregados, doentes físicos e mentais –, eis os verdadeiros indicadores do progresso humano rumo à sociedade sustentável.

DESENVOLVIMENTO COMO LIBERDADE

Não existe consenso entre os cientistas sociais sobre o significado do termo "desenvolvimento", freqüentemente confundido com crescimento econômico. Amartya Sen, prêmio Nobel de economia, define o desenvolvimento como o processo de ampliação da capacidade de os indivíduos terem opções, fazerem escolhas. Relativizando os fatores materiais e os indicadores econômicos, Sen insiste na ampliação do horizonte social e cultural da vida das pessoas. A base material do processo de desenvolvimento é fundamental, mas deve ser considerada como um meio e não como um fim em si.

O crescimento econômico não pode ser associado automaticamente ao desenvolvimento social e cultural. O desafio de nossa sociedade é formular políticas que permitam, além do crescimento da economia, a distribuição mais eqüitativa da renda e o pleno funcionamento da democracia. Os índices de desenvolvimento humano (IDH) levantados e calculados nos últimos anos pelo PNUD revelam, além da capacidade produtiva, a confiança das pessoas umas nas outras e no futuro da sociedade. Ao postular a melhoria da qualidade de vida em comum, eles destacam as possibilidades de as pessoas levarem adiante iniciativas e inovações que lhes permitam concretizar seu potencial criativo e contribuir efetivamente para a vida coletiva.

Seguindo esse raciocínio, Sen resume suas idéias sobre o desenvolvimento como as possibilidades de "poder contar com a ajuda dos amigos", ou seja, a cooperação e a solidariedade entre os membros da sociedade que assim transformam o crescimento econômico destruidor das relações sociais em processo de formação de capital social ou em "desenvolvimento como liberdade". Para Sen, os valores éticos dos empresários e governantes constituem parte relevante dos recursos produtivos, pois orientam para investimentos produtivos em vez de especulativos e para inovações tecnológicas que contribuem para a inclusão social. Quanto maior o capital social – a rede de relações sociais e o grau de confiança recíproca – menor a corrupção e a sonegação de impostos e tributos e maiores os incentivos para iniciativas de criar programas e projetos que favoreçam a eqüidade e igualdade e estimulem melhores serviços públicos de educação e saúde, enquanto impulsionam o crescimento econômico e possibilitam a governabilidade democrática.

Sustentabilidade – um ensaio de prospectiva

Vivemos em plena era do fracasso do paradigma oficial de desenvolvimento e da ideologia dominante. Antes, afirmava-se que era preciso primeiro fazer crescer o bolo, para depois distribuí-lo. Hoje, com a bolsa de valores sendo considerada indicador de progresso, o bolo não cresce mais e nem se sabe o que produzir e para quem?

O impasse criado nas políticas oficiais requer a construção de um novo modelo de transformação social, baseado na cooperação e solidariedade e com a participação da população, na concepção, execução e avaliação dos projetos. O discurso e a prospectiva oficiais assumem os objetivos e metas do progresso técnico como verdades ou certezas inquestionáveis por serem supostamente derivados das leis da evolução natural. A realidade social, todavia, é complexa e contraditória e mesmo os objetivos e planos puramente técnicos refletem interesses e valores de grupos sociais em campos diferentes.

Nessas condições, seria pretensioso considerar o exercício da prospectiva equivalente à previsão do futuro. Políticos e tecnocratas procuram obter uma visão do contexto futuro, para melhor adequarem suas decisões. Mas, estimativas baseadas em extrapolações da taxa de câmbio, da inflação, dos juros e suas oscilações constantes evidenciam o caráter altamente equivocado e perverso dessa prospectiva oficial.

Em vez de bancarmos futurólogos cujas predições não ultrapassam o trivial, devemos procurar explorar futuros alternativos, admitindo explicitamente a existência de certas pré-condições, consideradas como partes do próprio futuro provável e desejável. Não se trata de uma visão romântica de um futuro "a priori", ainda inexistente. Ao tentarmos inventá-lo, nossos pressupostos sobre o que deve acontecer se mesclam com as premissas sobre o que pode e o que vai acontecer.

As incertezas e a insegurança presentes em nosso cotidiano transformam a vida em um pesadelo cheio de contradições, de instabilidade e de interrogações. Diante dos problemas e desafios aparentemente insolúveis, os indivíduos perdem a confiança em si, nos outros e no governo da sociedade. Onde encontrar orientação para antecipar e prever o futuro, uma aspiração da humanidade tão antiga quanto sua existência no planeta? Nem o fatalismo religioso nem o determinismo científico foram capazes de fornecer respostas satisfatórias aos anseios de escaparmos da situação de caos. Afinal, aonde vamos?

A penetração da racionalidade econômica e tecnológica em todas as esferas da vida, potencializada pela globalização, em vez de aclarar o horizonte tem agravado os riscos de acidentes ecológicos, de conflitos armados e de ameaças de desequilíbrios dos ecossistemas, até a entropia irreversível. Impelido pela dinâmica de acumulação e reprodução do capital em escala global, o tão almejado crescimento econômico provoca a destruição das condições ecológicas da sustentabilidade, ao estimular o consumo insaciável de recursos naturais e gerar emissões tóxicas que provocam o aquecimento global.

A racionalidade econômica baseada numa pseudociência mecanicista constitui o desafio mais sério para uma governança responsável da vida e da segurança do planeta. O processo de globalização introduziu em todos os cantos da terra a racionalidade técnica e econômica do mercado, com efeitos que transcendem a nossa capacidade de controle dos fenômenos reais. Seus impactos resultam em descontrole dos acontecimentos, inclusive os desastres ecológicos e a degradação sócioambiental, manifestadas em forma de pobreza, desequilíbrios, insegurança e conflitos.

A incapacidade da ciência para prever e antecipar as catástrofes e para desenvolver uma gestão racional dos riscos leva-nos a postular a superação do modelo convencional, linear e cartesiano, a fim de desenvolver um método capaz de enfrentar as incertezas e orientar políticas públicas para um processo de tomada de decisões participativas. Isso permitiria a abertura de um novo campo de estudos visando o controle social das aplicações de tecnologias, com o objetivo de antecipar e conter os impactos negativos das tendências dominantes nos processos desencadeados pela racionalidade instrumental.

A realidade tem desmentido as predições da maioria dos cientistas, a ponto de que hoje, formular políticas visando à sobrevivência das espécies e do planeta, exige a aplicação do Princípio de Precaução, para enfrentar os riscos ecológicos. Este aparece como um recurso de sensatez diante da cegueira de uma racionalidade econômica instrumental que se pretende onisciente. A prospectiva convencional, como arte e método de perscrutar o futuro e para evitar catástrofes não consegue equacionar as causas e propor alternativas.

Os modelos de simulação servem para construir cenários baseados num raciocínio do tipo "se tal fenômeno ocorrer, produzirá tal efeito", baseando-se em correlações e interdependência de processos conhecidos. Estudiosos que se debruçam sobre as probabilidades de ocorrência de certos fenômenos procuram oferecer alternativas, além da mera extrapolação de fatos e tendências, recorrendo à História e a analogias. Esses exercícios oferecem a oportunidade de construir uma nova racionalidade, em oposição à racionalidade econômica hegemônica que impede mudanças e cerceia alternativas. O conceito de sustentabilidade – sistêmica, interdisciplinar e interdependente – permite pensar uma racionalidade alternativa, baseada em outros modelos de desenvolvimento.

A globalização dos mercados e o pragmatismo de curto prazo não permitem aos políticos e tomadores de decisão incorporar resultados de estudos sobre os riscos ecológicos. A fé cega na "mão invisível" e nos mecanismos de mercado desqualifica qualquer previsão fundada na ciência e nos valores diferentes daqueles da racionalidade dominante. Assim, as previsões do Painel Internacional sobre Mudanças Climáticas não afetam as certezas dos economistas. O Princípio da Precaução, formulado na CNUMAD Rio-92 não passou de um juízo moral marginal entre os critérios para a tomada de decisões sobre políticas econômicas.

Nas discussões sobre a sustentabilidade do planeta depara-se com as prioridades atribuídas à globalização e aos processos de degradação do meio ambiente. O economicismo dominante tende a minimizar ou desacreditar a importância do aquecimento global, da conservação da biodiversidade e da preocupação com o bem-estar de toda a humanidade. Assim, as advertências do Painel Internacional e do Worldwatch Institute estão sendo ignoradas e suas propostas de caminhos alternativos acabam sendo descartadas por serem "irrealistas". Mas, diante da iminência dos riscos ecológicos, as perspectivas da sustentabilidade não se limitam à previsão de catástrofes ambientais.

Ao questionar o fatalismo determinista, a prospectiva procura induzir a reversão de processos insustentáveis, colocando a razão a serviço da análise de alternativas e louvando-se no potencial ecológico e na diversidade cultural do planeta. As últimas conferências mundiais – a Cúpula do Milênio, em 2000; e a Conferência Mundial sobre o Desenvolvimento Sustentável, em 2002 – não avançaram na elaboração de programas e projetos alternativos, confiando mais nos mecanismos do mercado e no financiamento internacional.

A prospectiva ambiental implica a desconstrução dessa racionalidade e a construção de outra, muito além de modelos e de jogos de simulação e que coloque a preocupação com o ser humano no centro de todas as políticas. A construção de uma sociedade sustentável requer a vontade de poder para desconstruir o caminho que leva à entropia e para construir uma realidade que acene com um devir desejável. O futuro se apresenta como um projeto a ser construído, ancorado numa racionalidade de valores, ou substantiva, como diria M. Weber.

O desmoronamento das certezas e da capacidade de controle do sistema atual enfraqueceu o poder de previsão de eventos futuros. A legislação ambiental aparece como uma defesa tardia, reativa e incompleta diante do impacto devastador de processos de espoliação dos recursos naturais que ameaçam a segurança ecológica do planeta. A alternativa exige romper com o poder de monopólios e de sistemas autoritários, abrindo espaço para a construção de uma sociedade baseada na diversidade cultural e na democracia participativa.

O atual modelo gera e estimula um processo de crescimento baseado no consumo ilimitado de recursos e na destruição paulatina das condições ecológicas de sobrevivência. Mesmo controlando o crescimento da população por políticas e mudanças culturais, a racionalidade econômica do sistema capitalista não oferece mecanismos internos de equilíbrio e estabilização, na corrida cega atrás do crescimento que arrasa o meio ambiente.

Portanto, não se trata de ficção, nem de uma visão romântica – queremos desenvolver propostas de um futuro possível e desejável, em oposição ao mundo frio de fórmulas econométricas, e de jogos de simulação que transformam a realidade percebida numa imagem fantasmagórica e a vida das pessoas em um pesadelo sem fim.

A charada
– é possível romper o círculo vicioso?

O governo, as empresas, a academia e a opinião pública em geral enaltecem as maravilhas das grandes empresas, de sua competitividade e eficiência que, supostamente, caracterizam a liberdade do mercado, estimulam a inovação e os investimentos garantindo o progresso, o crescimento econômico e, portanto, os benefícios para os consumidores.

A realidade é bem diversa. Estamos diante um processo selvagem de concentração e centralização do capital nas mãos de poucos, sem controle privado ou público, o que tem facilitado uma série infinita de operações bilionárias fraudulentas, mediante fusões, incorporações e compras ou transações ilícitas de ações e outros ativos. Tudo envolto, até a eclosão dos escândalos, no maior mistério encoberto por uma contabilidade manipulada, acompanhando o enriquecimento desavergonhado dos principais executivos, à custa dos acionistas, dos funcionários, dos consumidores e da economia nacional.

Quando estoura a bolha – os casos da Enron, MCI, Tye, Parmalat e outros – as transgressões da Lei são tratadas como crimes de colarinho branco; os advogados arrastam os processos por inúmeros recursos, liminares ou apelações e as penalidades, se as houver, são totalmente desproporcionais aos crimes de lesa economia e dos prejuízos sofridos pela população.

Devido ao clima de impunidade no mundo dos grandes negócios, não há devolução do dinheiro roubado e a mídia, com raras e honrosas exceções, encarrega-se de diluir ou apagar os fatos da memória e da opinião pública. Os assaltos à economia popular e ao bolso dos acionistas e funcionários e, não raramente, as perdas ocasionadas ao tesouro nacional pela evasão ou sonegação de impostos e tributos, são minimizados em seus efeitos, diante dos supostos benefícios da livre iniciativa, do crescimento econômico (de quem?) e do progresso da sociedade.

Um estudo publicado pelo Financial Times, respeitado jornal de economia e finanças, revela que as vinte maiores empresas do mundo praticamente não pagam impostos. Mas todas mantêm espalhafatosos programas divulgados em luxuosos impressos, sobre suas obras de "responsabilidade social". Cumpre-nos, portanto, apontar os verdadeiros custos da concentração do capital, incorporando na contabilidade as rubricas de contabilidade social e ambiental.

Alega-se que a grande empresa seria mais eficiente por permitir a racionalização dos processos produtivos, e assim, a redução dos custos de bens e serviços. Contudo, economias de escala, seguidas invariavelmente de redução da força de trabalho, a terceirização e o *out-sourcing* que acompanham a reengenharia têm causado efeitos desastrosos nas famílias dos desempregados, nas comunidades onde as fábricas são fechadas; nas regiões cujos sistemas de transportes e energia acabam sendo desarticulados, levando os elementos mais jovens da população a migrar para os centros urbanos, os quais, por sua vez, são incapazes de absorver esse fluxo descontrolado de milhares de deslocados, em busca de habitação, emprego, e serviços básicos de infra-estrutura urbana.

Inevitavelmente, irão engrossar a massa de marginalizados e excluídos, fenômeno evidenciado pelo aumento assustador do número de favelados e excluídos no Brasil, na última década. Os custos ambientais, de efeitos mais prolongados e muitas vezes irreversíveis, vêm se acumulando ao longo das últimas décadas de "progresso".

Os dejetos e resíduos da mineração (de bauxita, minério de ferro, cobre) deixam como herança uma terra arrasada, praticamente irreversível. Acrescenta-se a poluição de solos e de lençóis freáticos por efluentes de processos químicos e petroquímicos, intoxicando fauna e flora e afetando a saúde de trabalhadores e de moradores na área. O desmatamento das matas ciliares ao longo do vasto sistema fluvial destrói a fauna e flora, causa assoreamento dos rios e afeta a pesca nas áreas costeiras.

A disposição segura dos resíduos tóxicos dos reatores nucleares e a desativação das instalações, após um tempo de serviço variável, continuam a figurar na lista dos problemas não devidamente equacionados e resolvidos. A desertificação de vastas áreas do semi-árido, em conseqüência de sua transformação em cultivos de monoculturas ou em pastos para a pecuária, em expansão constante devido à política de exportações de carne, altera radicalmente um dos biomas do Brasil, além de causar a expulsão da população nativa de seu *habitat*.

O uso em excesso de pesticidas e fertilizantes químicos na agricultura em grande escala, além de intoxicar os alimentos de origem animal e vegetal, contribui para acidificação dos solos e a paulatina redução de sua produtividade.

Finalmente, a poluição urbano-industrial, chaga da civilização moderna em praticamente todos os países que adotaram sistemas de transporte baseados em combustível fóssil, combinada com a fumaça e os dejetos expelidos por processos industriais, anuncia desastres ambientais e humanos em extensão e profundidade dificilmente imagináveis.

Tendências e perspectivas

A democracia como forma superior do convívio social constitui um axioma no mundo ocidental. O rompimento das sociedades feudais estamentais pelas revoluções burguesas abriu os diques para o ingresso das massas – às quais foram prometidas ascensão e mobilidade social – no cenário político da modernidade. No Brasil, a libertação dos escravos deu início a um processo de migração para os centros urbanos emergentes, o que obrigou os governos a empreender modestas reformas sociais, como a implantação da legislação trabalhista-previdenciária e obras de infra-estrutura de saneamento, habitação e segurança.

Mas, em vez de uma sociedade dinâmica e democrática, baseada em solidariedade "orgânica", surgiu uma divisão cada vez mais acentuada entre ricos e pobres, reforçando o antigo sistema de senhores e escravos e, com o tempo, agravada pelo desemprego estrutural e tecnológico.

Os impasses sociais e políticos facilitaram a ascensão de demagogos populistas, desvirtuando sistematicamente os resultados das eleições. Contribuem para isso, os currais eleitorais, o voto de cabresto e a profissionalização dos políticos que necessitam cada vez mais recursos para se eleger, tornando-os dependentes de grandes empresas, dispostas a investir no futuro político dos candidatos. Os vínculos assim criados tendem a reforçar a tendência ao nepotismo que engrossa o número de clãs regionais, tradicionais e modernos, buscando perpetuar-se no poder.

Se acrescentarmos os esforços e as manipulações da tecnocracia, constituindo seus currais eleitorais mediante a mobilização dos respectivos partidos, fica configurado o triste espetáculo de casas legislativas ocupadas por supostos representantes do povo, cujo maior interesse é acercar-se da "boca do orçamento público". Nesse cenário, cumpre ressaltar o papel negativo da maioria da mídia que pouco tem feito para informar e esclarecer a opinião pública, à medida que está cooptada e manipulada para defender os interesses do capital.

Presa na camisa de força da política macroeconômica nacional a serviço do capital financeiro nacional e internacional, a população dos excluídos (descamisados, descalçados, sem terra, sem teto e desempregados) procura desesperadamente por um salvador carismático, tão freqüente na história recente da América Latina (Getúlio Vargas, Juan D. Perón, Jânio Quadros).

Após a queda das ditaduras na década dos oitenta e a conseqüente democratização, verificou-se o retorno em massa às crenças religiosas e o fortalecimento das seitas fundamentalistas que ensaiaram respostas místicas ao desespero dos pobres diante do fracasso das promessas de crescimento econômico via progresso técnico.

Se, antigamente, a divisão da sociedade era mais clara e nítida – capital contra o proletariado –, hoje as linhas divisórias são mais difusas, o aglutinamento se faz em torno de interesses de lideranças locais e regionais, o que facilita o controle político do rolo compressor do grande capital que controla os principais meios de comunicação e informação, faz eleger seus candidatos a governantes e coopta os supostos reformistas ou revolucionários, quando chegam ao governo.

É POSSÍVEL REVERTER ESSA TENDÊNCIA PERVERSA?

Os cientistas sociais que se debruçam sobre a problemática dos fracassos do crescimento econômico e suas prováveis causas têm apontado alternadamente para variáveis geográficas, políticas, étnico-culturais entre outras, para explicar os sucessos de alguns países e regiões, particularmente no hemisfério setentrional e os fracassos de desenvolvimento no hemisfério sul, nas antigas áreas e territórios coloniais.

Uma nova política, em vez de apenas remediar os efeitos destrutivos da lógica da acumulação, é concebida como condição indispensável do desenvolvimento social e cultural.

Em todos os debates travados nos últimos anos, o conceito do capital social tem ocupado espaço crescente, devido à percepção de seus impactos nas práticas de desenvolvimento. Além da onda de democratização que varreu o mundo dos países pobres nas últimas duas décadas, criando condições favoráveis à revisão das teorias convencionais, está se impondo a percepção do ser humano como ator social principal.

Em vez de condicioná-lo por estímulos e sanções positivos ou negativos (a cenoura ou o chicote do método taylorista), procura-se trabalhar com a necessidade gregária, o espírito de cooperação e os valores de apoio mútuo e de solidariedade, como base da eficiência social coletiva. No clima geral de incerteza e insegurança quanto ao futuro e tendo em vista o baixo poder explicativo da epistemologia convencional, torna-se imprescindível a incorporação de novos conceitos e análises nos debates sobre o desenvolvimento. Entre estes, ocupam lugares cada vez mais destacados o capital social e o papel da cultura.

Sobre a guerra pela "liberdade infinita"

Como interpretar a onda de fundamentalismo islâmico que varre o mundo, da África do Norte ao arquipélago da Indonésia? Para os milhões de seguidores, desencantados e frustrados com as promessas não cumpridas dos arautos do desenvolvimento, a modernidade laicizada e ocidental difundiu todos os vícios de uma sociedade corrupta, imoral e opressora; que oferecia "liberdade" para ter acesso a cassinos, drogas, prostituição e consumo de supérfluos aos poderosos, enquanto a maioria afundava na miséria.

A reação popular manifestava-se na rejeição das tímidas tentativas de intelectuais, de encontrar saídas mediante a democratização do sistema. As massas se sentiram irresistivelmente atraídas pelos mulás e aiatolás, os sacerdotes da fé e intérpretes do Alcorão, ou seja, das palavras do profeta. O retorno ao fundamentalismo do Islã original seria a resposta para todos os problemas desse mundo conturbado. No seio da comunidade islâmica – uma sociedade governada pela fé, o indivíduo encontraria sua salvação comungando no espírito de fraternidade e de honestidade comunitário, sempre guiado pelas normas e valores da religião.

Agir de acordo com os preceitos religiosos proporciona o sentimento de segurança e atribui significados aos atos do cotidiano. Essa identificação com o grupo e a comunidade reforça a rejeição ao mundo de "fora", tanto em seus aspectos materiais quanto nos simbólicos, embora, paradoxalmente, a tecnologia e os armamentos ocidentais continuem demandados e utilizados pelos novos donos do poder (haja vista o desenvolvimento de artefatos nucleares pelo Paquistão).

Na visão fundamentalista, o mundo – em acentuada fase de declínio e degradação – deve ser constantemente recriado e caberia aos intelectuais a tarefa de apoiar esta recriação, interpretando os textos e pesquisando os precedentes divinos. A História deve servir à teologia na construção de um estilo de vida "completo", uma cultura integrada, baseada na fé e em práticas e rituais religiosos. A cultura fundamentalista, fechando-se contra o mundo externo, seus conhecimentos científicos e práticas secularizadas, procura restaurar uma comunidade tribal de uma "idade de ouro" que nunca existira.

Tanto no Iran dos xiitas, quanto no Afeganistão e Paquistão dos sunitas, seguir as normas corretas restauraria a pureza do Islã original e a reorganização do mundo seria uma conseqüência automática da redescoberta dos ensinamentos verdadeiros e absolutos.

A pregação dos sacerdotes fundamentalistas teve uma repercussão enorme e continua a ter atração poderosa nas massas da população expulsa de seu *habitat* rural tradicional e emperrada nas imensas áreas de pobreza e marginalidade urbanas, desde o Cairo, Teerã, Karachi, Kuala Lumpur até Jacarta.

Diante da modernidade imposta, antes pela potência colonizadora e, na segunda metade do século 20, pela penetração das relações de trabalho e institucionais trazidas pelo capital transnacional, o homem islâmico, o migrante do campo para a cidade, está em clara desvantagem. Sente-se marginalizado, fracassado e inferior em todos os aspectos da vida social e política, idealizando a comunidade islâmica fundamentalista onde reinaria um espírito igualitário que abriga e proporciona conforto e segurança.

Sem o Islã, os indivíduos se sentiriam perdidos, desamparados e sem identidade. Ainda que de modo distorcido, a fé no Corão abre espaço para o conhecimento do passado, o sentimento de pertencer à comunidade, apoio emocional para resistir e defender-se contra o mundo "injusto" dos "outros".

Acrescenta-se o mito, ressuscitado na conjuntura atual, sobre a incumbência de cada crente de empenhar-se na destruição de "trinta ídolos" pela qual teria assegurado o acesso ao paraíso eterno, e fica evidenciada a força da fé fundamentalista entre as massas islâmicas. Ameaçadas de perder, além de suas terras e a liberdade tribal, a sua identidade e o sentimento compartilhado sobre o "bem" e o "mal" em um mundo conturbado, a migração para as cidades não as transformou em indivíduos-cidadãos no sentido da cultura ocidental.

Ao enfrentar a modernidade niveladora e alienante da individualidade, não se pode voltar ao passado da vida rural ou tribal. Os movimentos de massa islâmicos do século XX foram tocados pelo ideário revolucionário social e nacionalista, mesclado com a justiça e o amparo na crença que a terra e todas as riquezas perteceriam a Alá.

Mas esta corrente está sendo combatida ferozmente pelas elites tradicionais – os reis e emires, donos de poços de petróleo que obviamente não se dispõem a entregar suas riquezas para a distribuição aos pobres. Preferem apoiar, com dinheiro e armas, os grupos mais radicais que combatem os "infiéis", norte-americanos e ocidentais em geral, inclusive aqueles que executam os atos terroristas.

Enquanto o Afeganistão foi devastado por dez anos de ocupação e guerra contra a ex-União Soviética e a posterior desintegração do precário sistema político que abriu espaço para a conquista do poder pelo Taleban – a facção mais radical dos extremistas islâmicos, o Iran passou por uma fase de revolta popular inspirada pelos mulás e aiatolás, resultando na derrocada da monarquia e do regime repressor autoritário dos Pahlevis, em 1979.

Em ambos os casos, o poder foi usurpado por uma nova "elite" teocrática e totalitária que nega e reprime sistematicamente, não somente a livre manifestação da população, mas também os direitos civis elementares, sobretudo das mulheres. Assim, a população, afastada do acesso à informação e contatos com o exterior, não foi preparada e treinada para participar das decisões e do jogo do poder político típico das sociedades ocidentais. Acabaram sendo manipuladas, doutrinadas pela fé e suas doutrinas fatalistas, opostas às idéias de emancipação dos seres humanos, particularmente das mulheres, das minorias, dos "outros".

Se a situação econômica e social pouco mudou para os trabalhadores e as classes baixas em geral, após a derrubada do Xá, os impactos do novo regime no estilo de vida das incipientes classes médias foram devastadores. Antes, viviam com expectativas, ainda que ilusórias, de ascensão social, via acesso às universidades para os filhos, um cargo burocrático no governo, uma eventual bolsa de estudos no exterior.

Tudo isso ruiu com a instalação dos regimes extremistas, no Iran e, posteriormente, no Afeganistão. Desfeito o sonho de uma integração e participação em uma sociedade mais aberta e democrática, de avançar na carreira do funcionalismo público ou como profissional liberal, os membros da classe média mais instruída e informada estão divididos entre o mundo externo, estranho e distante da cultura tradicional, mas desejado como padrão de consumo e de referência, sobretudo para o futuro dos filhos, e a cultura tradicional, purista e solidária, à qual deixaram de pertencer, na ânsia de incorporar-se e assimilar-se aos segmentos mais ligados ao mundo ocidental.

Os que estudaram no exterior, e depois voltaram para seus respectivos países, descobriram que os esforços e sacrifícios foram em vão. As oportunidades para se inserir no mercado de trabalho com seu *know-how* qualificado (engenheiros, médicos, administradores) são insignificantes invalidando qualquer projeto de vida e de carreira. A frustração e a revolta causadas, alimentadas e reforçadas pela mescla de ideologias "revolucio-

SOBRE A GUERRA PELA "LIBERDADE INFINITA"

nárias", nacionalistas e religiosas mal digeridas, empurra os indivíduos para saídas radicais – as ações terroristas.

As informações colhidas sobre os supostos autores dos atentados de 11 de setembro revelam um nível de instrução superior, com diplomas obtidos em universidades ocidentais e uma competência técnica de organização e planejamento, combinada com o domínio de tecnologias avançadas. Para esses indivíduos, os mecanismos e as opções de aculturação tradicionais simplesmente não funcionam. Não podem abraçar e integrar-se à modernidade ou cultura ocidental, da qual acabaram sendo rejeitados. As condições existenciais em suas sociedades nativas não permitem ou facilitam a síntese eclética de elementos das culturas tradicional e moderna. Mas também a volta aos padrões de vida tradicionais e arcaicos não apresenta resposta aos dilemas existenciais de uma personalidade dividida e "marginal", entre duas culturas opostas e irreconciliáveis. O atentado suicida pode ter ajudado na superação do conflito existencial, encontrando na morte o "sentido" de uma vida atormentada e psicologicamente insustentável.

Para enfrentar essas forças explosivas, germinando em solo fértil para sua multiplicação, não somente entre os mais de um bilhão de seguidores da fé islâmica, mas também entre os 4/5 da população marginalizada e deserdada do mundo, no limiar do século XXI, todos os armamentos de *high tech* e as campanhas de guerras "limpas" não serão suficientes. A eliminação do núcleo terrorista Al Qaeda e de outros similares espalhados pelo mundo não vai diminuir a pobreza, a marginalidade e os sentimentos de exclusão que hoje caracterizam a maioria das populações do Terceiro Mundo.

Combater de modo eficaz as causas dos males que afligem a humanidade exige um pouco mais de imaginação e criatividade do que os atuais donos do poder parecem capazes de alcançar.

A luta pelos Direitos Humanos

Há mais de 50 anos, a Organização das Nações Unidas aprovou a Declaração Universal dos Direitos Humanos, ratificada por todos os países membros. Os artigos desse documento reafirmam a fé nos direitos fundamentais, na dignidade e no valor da pessoa humana e na igualdade dos direitos de mulheres e de homens.

A convenção dos Direitos Civis e Políticos e a dos Direitos Econômicos e Sociais foram acrescentadas durante os anos sessenta, em meio ao contexto da guerra fria. O mundo capitalista pressionava pelos direitos políticos ao passo que o mundo socialista enfatizava a importância dos direitos econômicos e sociais. Mais tarde a política neoliberal viria acentuar a diferença, atribuindo prioridade aos direitos políticos, mais facilmente manipuláveis, enquanto negligenciava o atendimento aos direitos econômicos e sociais.

No início do século XXI, fica cada vez mais difícil e remota a aplicação dos direitos econômicos e sociais. Os Estados Unidos se recusam a assinar ambas as convenções com receio de possíveis ações contra o governo na justiça, preferindo deixar o atendimento a esses direitos para organizações filantrópicas e humanitárias.

Entretanto, da mesma forma como o ser humano é uno e indivisível, assim também os direitos humanos não podem nem devem ser fracionados. Garantir direitos civis e políticos é relativamente simples e barato: eleições a cada quatro anos, invariavelmente manipuladas pelas elites no poder. Já o cumprimento dos direitos econômicos e sociais – emprego, habitação, saneamento, transporte público, serviços de saúde e educação – é caro e exige recursos, sobretudo para atender as demandas decorrentes da discriminação contra mulheres, minorias, grupos étnicos ou religiosos.

Por exemplo, o governo dos EUA não considera como obrigação sujeita aos Direitos Humanos a luta contra a AIDS, mas como um problema de saúde ou da seguridade nacional. Ao passo que as Nações Unidas exigem da comunidade internacional que questões ligadas à saúde sejam reconhecidas como parte dos direitos humanos, de modo a melhor enfrentar os desafios da luta contra o HIV, a tuberculose, a malária e muitas outras endemias.

Os direitos civis e políticos nos países pobres e, particularmente, nos da América Latina, têm tido pouco impacto. Avanços na conquista de direitos civis e políticos acabam sendo anulados pelas perdas humanas catastróficas decorrentes do não cumprimento dos mandamentos dos direitos econômicos e sociais.

Exemplos típicos são os casos do HIV e das drogas que destroem o tecido social, eliminando seres humanos que deveriam se beneficiar dos direitos civis e políticos. Nesses casos, como no do desemprego, ou do trabalho infantil, a democracia formal e a imprensa livre não constituem meios profiláticos suficientes contra as epidemias, as endemias recorrentes e as práticas desumanas.

O atendimento das demandas e reivindicações por serviços de saúde e sociais em geral deve ser cumprido em nome de direitos legais e não apenas da filantropia! A filosofia e a prática utilitaristas e desumanas do neoliberalismo resistem ferozmente à aprovação dos direitos econômicos e sociais os quais, uma vez aceitos, não poderão ser negados mais a ninguém. Pois quando alcançarem o mesmo *status* dos direitos civis e políticos, mobilizarão a opinião pública a condenar os abusos e a obrigar os governos a cumprir suas obrigações, alterando suas prioridades políticas.

Os debates atualmente travados sobre Direitos Humanos, ao resistir à incorporação dos grandes desafios enfrentados pela humanidade, tendem a se tornar meramente retóricos e, assim, inócuos. Para a questão "que tipo de sociedade queremos construir?" o discurso jurídico, ecológico ou economicista isoladamente não parece suficientemente relevante. Necessitamos de respostas aos problemas do desemprego, da falta de democracia participativa, de violações constantes dos Direitos Humanos, da degradação da qualidade de vida da maioria da população mundial, sobretudo os excluídos e deserdados.

O modelo presente de desenvolvimento do mundo não é sustentável. Mudanças de clima, crescimento populacional, perda de diversidade biológica e cultural, pobreza e desigualdade tendem a aumentar a vulnerabilidade da vida humana, dos ecossistemas planetários e das próprias estruturas do convívio social.

Para participar do processo de transformação objetivando a plena emancipação da sociedade, o método científico convencional terá de ser combinado com um aprendizado social que incorpore elementos da ação coletiva, gerência adaptativa, políticas públicas inovadoras e experimentação social. Cientistas preocupados com o futuro da humanidade desenvolverão esforços para trabalhar com todos os grupos sociais a fim de melhor compreender a construção de seus conhecimentos e suas práticas sociais. O próximo passo seria avaliar as respostas do poder público às pressões crescentes por participação democrática e a demanda universal pelos direitos da cidadania.

A globalização da economia e o recuo do Estado de sua responsabilidade histórica de prover as necessidades básicas às populações de baixa renda resultaram em serviços de educação e saúde, habitação e transportes deficientes para as camadas historicamente desprivilegiadas. Entretanto, a redução, até a eliminação total, das desigualdades sociais tornou-se condição central para a conquista dos Direitos Humanos em todas as suas dimensões – social, cultural, econômica, política, ambiental e ética – porque pobreza, degradação ambiental e negação dos Direitos Humanos básicos constituem fenômenos estreitamente relacionados em nossa sociedade.

Nas últimas duas décadas, apesar do processo de democratização em praticamente todos os países, continua a exclusão e a negação dos direitos humanos básicos aos pobres, aos não-brancos e às mulheres.

O fato de os governos se manifestarem sobre questões de direitos humanos não significa necessariamente que estejam comprometidos com sua implementação. Existe um hiato muito grande entre a retórica oficial e a proteção concreta dos direitos humanos. Na esteira da democratização surgiram muitas ONGs e movimentos sociais voltados às questões da violência de gênero, direitos sexuais e reprodutivos, saúde, raça, etnia, proteção de crianças e adolescentes e do meio ambiente.

Outras organizações privilegiam em suas atuações a luta contra as violações dos direitos humanos civis e políticos e a violência do próprio Estado. Mesmo diante da parcialidade da mídia, não passa um dia sequer sem denúncias de violência policial contra a população, sobretudo as camadas mais pobres, nos conflitos rurais e urbanos (os sem-terra e sem teto) e contra os detentos nas penitenciárias e prisões, particularmente os menores de idade.

No plano internacional ocorre uma articulação crescente entre as organizações de defesa dos direitos humanos que marcaram com sua presença as várias conferências das Nações Unidas, desde a Rio-92, Viena (1993), Cairo (1994), Copenhague (1995) e Beijing (1995). Surgem assim, redes nacionais, regionais e internacionais buscando elaborar plataformas e estratégias articuladas de luta pelos direitos humanos.

Ética e sustentabilidade

CONTEXTUALIZANDO: O MUNDO EM QUE VIVEMOS

As incertezas e a perplexidade que afligem a maioria da população, acuada pelos problemas de sobrevivência e a urgência com que se exigem respostas aos desafios existenciais de cada um, constituem também um estímulo para pensar criticamente essa realidade controvertida e contraditória. Continuamos a pensar em dimensões locais ou nacionais enquanto prossegue em ritmo acelerado – para o bem ou para o mal – o processo de globalização da economia e dos sistemas de transporte e de comunicações. Para alguns seria o fim da História enquanto para outros o início de uma nova fase na evolução da humanidade. Incertezas, instabilidade e contradições aparentemente insolúveis levam os indivíduos a perder a confiança em si, nos outros e nos governos. "Tudo que é sólido se desmancha no ar" já dizia Marx, há 150 anos.

O desmanche continua desde então, em ritmo e intensidade acelerados, configurando uma situação de caos, conceito desenvolvido pelos cientistas do Instituto de Santa Fé, nos últimos anos do século XX. Onde encontrar respostas às dúvidas existenciais, às interrogações cruciais para cada indivíduo pensante? "Quem somos? De onde viemos? E, aonde vamos?"

J.P. Sartre nos ensinou que os seres humanos nascem para serem livres. Mas, liberdade não significa optar arbitrariamente por um ou outro caminho. Ela implica também em responsabilidade, ou seja, somos responsáveis pelo que fazemos ou deixamos de fazer. Agindo e pensando sobre as nossas ações, transformamos a nossa realidade e a nós mesmos, encontrando sentido para nossas vidas.

Como tornar mais concreto esse sentido de vida? Sem uma orientação que guie nossas ações como o norte da bússola os navegantes, a vida no mundo de incertezas torna-se um pesadelo absurdo, cheia de paradoxos e violência, sobretudo para a juventude, angustiada e aparentemente incapaz de decifrar enigmas para os quais nem a ciência nem a religião são capazes de oferecer respostas satisfatórias.

Erich Fromm nos fala do "ter" e do "ser" como orientação básica na trajetória da vida. Entre as civilizações pré-colombianas, um dos filósofos astecas lança-nos a seguinte injunção, inscrita nos muros do Museu Antropológico da Cidade de México:... "*Como hey de irme asín? Nada quedará de mi nombre en la tierra? Al menos cantos, al menos flores*"... Uma resposta mais instigante nos é oferecida no diálogo entre pai e filho, num romance do escritor norte-americano Chaim Potok. Questionado pelo filho sobre o significado de suas atividades políticas, o velho responde com a seguinte metáfora:... "Se eu aferir a duração de minha vida com a idade geológica do planeta, ela não é mais do que um piscar de olho. Entretanto, também este piscar de olho deve ter um sentido, à luz da eternidade"...

A vida nos ensina que elaboramos e desenvolvemos nossos valores e, com base nestes, os diferentes sentidos de vida, em convívio e cooperação com os outros, no trabalho e nas ações coletivas, de fundo social, político ou cultural. Não há satisfação e realização maiores para o indivíduo do que quando este se sente aceito, valorizado e parte de um todo maior. Professando e agindo de acordo com os valores éticos e humanistas comuns, incorporamo-nos à cadeia ininterrupta daqueles que ousaram sonhar e lutar pela visão messiânica do Profeta Isaias, quando reinará a paz e a justiça entre os homens.

Sobre as premissas do discurso

Postulando que o sentido de nossa vida seja o produto do pensamento e da ação, inferimos que toda nossa realidade é uma construção social e, como tal, pode ser desconstruída e reconstruída. Como corolário deste raciocínio, podemos afirmar que os seres humanos fazem sua História, embora não a façam com todos os graus de liberdade. Herdamos das gerações que nos antecederam determinadas estruturas e posições condicionantes que limitam e estreitam os raios de nossas opções. Por isso, o conhecimento da História que não segue um curso linear e previsível, como pretende o pensamento positivista, é fundamental para a opção libertadora, capaz de ampliar os nossos graus de liberdade.

São também as diferentes visões e interpretações do que acontece na História (Gordon Child, *What happens in History*) que nos permitem contestar todo tipo de determinismo – econômico, ecológico, étnico ou cultural, freqüentemente invocado para justificar a acomodação ao *status quo*. A valorização do ser humano como ator social capaz de construir seu destino como sujeito do processo histórico permite-nos rechaçar as visões fatalistas ou maniqueístas da história. Em vez de análise e interpretação cartesianas dos fenômenos sociopolíticos e culturais, adotamos a metodologia de uma visão sistêmica e interdisciplinar.

Sem minimizar a peculiaridade de cada caso, procuramos entendê-lo em sua inserção e conexão com seu contexto. "O todo é diferente da soma das partes". Portanto, a realidade não pode ser explicada a partir da simples soma de fatos e processos individualizados, o que nos levaria a perder de vista a floresta de tanto olhar as árvores. Voltando às incertezas que dominam o cenário do mundo atual, em todas as áreas do conhecimento científico, nas políticas econômicas e sociais e na esfera das possíveis e prováveis ações bélicas e suas conseqüências, os nossos enunciados e eventuais propostas serão baseados mais em probabilidades do que certezas que caracterizam o pensamento autoritário e linear.

Essa postura tem profundas implicações para o sistema de valores e as relações meios-fins. O senso comum postula que os fins justificam os meios, mas não esclarece o que legitima os fins. Podemos encontrar uma possibilidade de resposta na distinção entre a chamada racionalidade instrumental (dos meios) e a substantiva (dos valores) que, quando compartilhadas por um coletivo, conferem sentido à vida.

Moral e Ética – história e utopia

Segundo o dicionário de filosofia, ética é a ciência que tem como objeto os juízos de valor que distinguem entre o bem e o mal. Historicamente, moral e ética são tratados como sinônimos, mas, na filosofia alemã, desde Kant, no século do Iluminismo, a ética é considerada superior à moral. A moral é historicamente datada e suas normas e sanções mudam de acordo com a evolução e as transformações da sociedade, sempre refletindo a visão de mundo e os interesses das elites.

Eloqüentes a respeito são as manifestações dos senhores escravocratas, dos capitalistas e tecnocratas cujo discurso e prática, supostamente racionais e ideologicamente neutros, justificariam a pobreza e a desigualdade. Teorias "científicas" quando não doutrinas religiosas são invocadas ("a seleção natural dos mais aptos" ou as "leis do mercado") para determinar o código de conduta moral dos indivíduos e as sanções positivas ou negativas atinentes ao seu cumprimento ou transgressão.

A ética postula um código de conduta para o grupo ou a comunidade de indivíduos que exige um comportamento baseado em valores. Para Hegel, a moral seria o domínio de intenções subjetivas, enquanto a ética seria o reino da moralidade absoluta. A moral de uma sociedade procura assegurar sua coesão e solidariedade (mecânica, segundo E. Durkheim) amparadas por um conjunto de sanções e a força de repressão do Estado.

A ética está fundamentada em valores de alcance universal – a conquista da felicidade e do bem-estar por meio da liberdade. Suas manifestações concretas são a cooperação e a solidariedade (orgânica, sempre segundo E. Durkheim) numa organização social pluralista e de democracia participativa. A ética se refere a um devir, uma visão do futuro da humanidade que se pretende realizável. É o projeto do futuro – a utopia – que tem inspirado os pensadores libertários, desde Thomas More, os precursores do socialismo utópico (Fourier, Saint-Simon e R. Owen) até os defensores do socialismo "científico", baseado no materialismo dialético.

O desmoronamento da ex-URSS teria eliminado a utopia do pensamento e da ação contemporâneas? Por todos os rincões do planeta verificamos a reafirmação da utopia, do pluralismo universal e democrático. Quem são seus porta-vozes? Não é o herói (líder) individual, nem a classe messiânica (o proletariado), mas todos os indivíduos que pretendem agir como sujeitos "desejantes" do processo histórico, criando comunidades de cidadãos ativos, fontes da liberdade que transformam a História.

São esses sujeitos coletivos que aceitam e praticam o pluralismo democrático como a forma de "boa vida", em oposição a outras formas atuais ou passadas.

Portanto, a utopia não é um tempo "*a priori*" da evolução ou da História. Seus protagonistas não pretendem a "descoberta" de novos tempos, mas nos apresentam uma simples proposta criativa de um devir humano desejável e realizável pela ação coletiva.

Ela não é ficção, romance ou aventura individual, mas uma visão do futuro construída por meio de um discurso em que se confrontam os valores por seus impactos reais e prováveis na existência humana. Ela surge como um amalgama e recriação de valores cultuados em todos os tempos e que se combinam com novas criações levando a uma síntese imaginária, com contribuições de filósofos, cientistas sociais, da ética e da política à luz de experiências práticas e acumuladas.

A ética seria, então, a disciplina cujo modo é a prática da virtude, do domínio da racionalidade substantiva (M. Weber) e cujo fim é a felicidade e bem-estar, a integração entre os seres humanos, a natureza e o cosmo.

Segundo os filósofos da Antiguidade, a utopia ética seria alcançada pelo comportamento virtuoso, ou seja, em conformidade com a natureza dos atores e dos fins buscados por eles. Postularam que o ser humano seria, por natureza, um ser racional e, portanto, a virtude ou o comportamento ético seria aquele no qual a razão comanda as paixões. Cada ser humano, sob a inspiração da razão, realizará a boa finalidade ética determinada por seu lugar na ordem do mundo, social, político e familiar. Essas virtudes seriam efeitos de uma potencialidade da natureza humana, desde que a razão comande as paixões e oriente a vontade, pois só o ignorante é passional e vicioso.

A INSUSTENTABILIDADE DO MUNDO ATUAL

Em retrospectiva histórica, a sociedade parece afastar-se cada vez mais da racionalidade e da virtude do comportamento ético. Tanto a burguesia quanto o proletariado ao conquistarem o poder, aderiram ao *ethos* e adotaram os objetivos do progresso via acumulação material e crescimento econômico, os quais não são sustentáveis.

Na sociedade capitalista, o crescimento econômico tornou-se estéril por não gerar mais empregos, ao menos para compensar a eliminação de postos de trabalho em conseqüência de inovações tecnológicas e da redução de investimentos.

O sistema é implacável em sua dinâmica: os ganhos são apropriados pelos ricos e poderosos, enquanto aos pobres, na melhor das hipóteses, são proporcionados benefícios filantrópicos paternalistas.

Devido à concentração do capital e do poder, as relações sociais continuam sendo autoritárias, impedindo voz e vez às populações carentes. Em muitos lugares ocorre um retrocesso em termos de direitos à cidadania e de extensão dos direitos humanos a todos.

Os efeitos sociais e culturais do funcionamento do sistema são desestruturadores: a corrida por competitividade e acumulação sufoca os valores de cooperação e solidariedade e reprime as manifestações de identidade cultural. Finalmente, o sistema é autodestrutivo em sua dinâmica: seu avanço está baseado na depredação do meio ambiente, o que mina a própria existência e sobrevivência da população, ignorando ou desprezando os direitos das gerações futuras. A legislação ambiental surge como defesa tardia, reativa e incompleta diante do volume e da gravidade dos danos que ameaçam a segurança e a sustentabilidade ecológica do planeta e de seus habitantes.

Percebe-se, portanto, o esgotamento do paradigma de desenvolvimento capitalista, cuja natureza centralizadora e autoritária inviabiliza a evolução pacífica para um convívio democrático e solidário. Negamos legitimidade aos objetivos e prioridades economicistas, impostos pela lógica e a moral da globalização econômico-financeira. Conclamamos por uma construção de uma perspectiva social, democrática e sustentável que promova a liberdade e a dignidade humana. Enfim, um projeto do futuro, a utopia de transformação ética e cultural da humanidade como um todo!

Motivos para otimismo

Iniciamos este texto com a afirmação sobre a construção social da realidade – um processo histórico cujo desfecho dependerá dos valores e do grau de consciência e motivação dos atores sociais.

Até meados do século XVIII, as poucas sociedades organizadas foram dominadas por reis absolutistas que se autolegitimaram pelo direito divino. As idéias propagadas pelos enciclopedistas franceses desencadearam movimentos populares e reivindicações por liberdade, igualdade e fraternidade inaugurando a era do Iluminismo e das revoluções burguesas na França (1789) e na América do Norte, com a Guerra de Independência (1776 - 1783) e, com as conquistas das tropas napoleônicas, em toda a Europa, da Itália à Rússia, da Áustria à Prússia. O dique de repressão absolutista estava rompido e mesmo a restauração das monarquias pelo Congresso de Viena (1815) não foi capaz de retornar as rodas da História.

Por que a democracia formal burguesa não funciona mais?

O despertar das classes exploradas, seu desespero diante do nepotismo das elites, as eleições freqüentemente fraudadas ou marcadas pelo poder da mídia e dos grandes grupos econômico-financeiros colocam na ordem do dia a busca de um novo padrão de política em que os movimentos sociais, as ONGs e a sociedade civil são os principais atores em um regime de democracia participativa.

Para construir um futuro sustentável – a utopia – o projeto transcenderá a cegueira característica da sociedade atual. A construção da utopia não se submeterá ao peso da "realidade", contestará as malhas da dominação autoritária e reivindicará o poder para construir uma nova realidade. Nesta visão da utopia, o crescimento econômico como base do desenvolvimento é considerado condição necessária, mas não suficiente. É encarado apenas como um meio para um fim que pode ser mais bem definido nas palavras de Amartya Sen, prêmio Nobel de economia (1999), como a melhoria da qualidade de vida de todos, pela ampliação do horizonte social e cultural na vida das pessoas.

Um indicador mais confiável do desenvolvimento seria o grau de confiança das pessoas no futuro e, sobretudo, suas possibilidades de realizar iniciativas que lhes ajudem a concretizar seu potencial ao mesmo tempo em que contribuam da maneira valorizada para a vida coletiva. Sen sintetiza suas reflexões (Desenvolvimento como Liberdade, 1999) dizendo que "desenvolvimento é poder contar com a ajuda de amigos", assinalando que não devemos submeter-nos aos imperativos do crescimento econômico.

Os impactos dramáticos do desenvolvimento desigual, aumentando o fosso entre ricos e pobres, ajudaram a lançar a reivindicação central de nosso tempo – direitos humanos – não como visão utópica ou idealista, mas como condição básica para a sobrevivência da sociedade e a sustentabilidade de suas instituições. Para promover o advento da sociedade sustentável precisamos de uma ética universal que transcenda todos os outros sistemas de crenças e valores, uma síntese da consciência humana, ciente da raridade de todas as formas de vida e da necessidade de cooperação, solidariedade e interdependência para guiar nossos esforços de realizar as mudanças.

Vivemos à beira de um novo conflito militar, de dimensões e conseqüências imprevisíveis, inclusive a ameaça concreta de perda das conquistas dos últimos três séculos, da democracia e dos direitos humanos, significando um retrocesso à barbárie.

Mesmo se for este o desfecho – totalmente irracional e contrário à ética – da atual crise não devemos nem podemos desarmar-nos em tempos de trevas. A evolução da humanidade segue por caminhos tortuosos e contraditórios. Após três séculos de idéias iluministas e lutas pela liberdade, democracia e direitos humanos, as injustiças ainda precisam ser denunciadas e combatidas, porque sozinho o mundo não vai melhorar.

O fim do Socialismo?

*No fundo de cada utopia não há somente
um sonho; há também um protesto".*

Oswald de Andrade – *A marcha das utopias*

Atravessamos um momento histórico caracterizado por incertezas quanto ao futuro de nossas sociedades e do mundo. "Tudo que é sólido se desmancha no ar", dizia um filósofo no fim do século dezenove. Desde então, a incerteza e a insegurança só têm aumentado, devido à competição selvagem, o individualismo irracional da acumulação capitalista e o "darwinismo social" praticado pelas elites dominantes.

A queda do muro de Berlim e a derrocada do ex-império soviético propiciaram um terreno fértil para que surgisse a tese de F. Fukuyama sobre "O fim da História", da luta de classes e das contradições entre o mercado e o Estado. Decorrida pouco mais de uma década, os vaticínios de Fukuyama e seus adeptos não deixam de ser anacrônicos, sobretudo à luz dos permanentes confrontos internos à imensa maioria das sociedades e as guerras travadas em todos os continentes. Na ânsia de prever e predizer o futuro, os arautos da derrota "irreversível" do socialismo se baseiam em idéias genéricas para explicar casos específicos enquanto ignoram as especificidades contextuais e históricas.

A derrota dos socialistas franceses nas eleições de abril de 2002 e a ascensão da extrema direita liderada por Le Pen têm provocado interrogações e interpretações das mais diversas na mídia e nos meios acadêmicos e políticos, afirmando alguns, peremptoriamente, "o fim do socialismo". Efetivamente, o fenômeno Le Pen parece ser mais um elo na cadeia de expansão da extrema direita – xenófoba, racista e ultranacionalista – sobretudo, no continente europeu.

Mas, os avanços nas eleições francesas de Le Pen, de Silvio Berlusconi na Itália, Jorge Haider na Áustria, Pia Kjaersgaard na Dinamarca e de Pim Fortuyn na Holanda convidam para uma reflexão sobre a dinâmica dos movimentos políticos da "esquerda" e suas perspectivas nesta "era de incertezas". As injustiças e tragédias humanas criadas pelos mecanismos "cegos" do mercado, que geram desemprego em massa, milhões de famintos e desabrigados e destruição sistemática do meio ambiente, tornam a vida individual e coletiva insustentável em nosso planeta.

Diante do caos criado pelo esgotamento do paradigma convencional baseado na supremacia do Estado autoritário e centralizador, combinado com a anarquia do "livre mercado", torna-se imperioso um conjunto de ações coletivas capaz de construir um modelo de sociedade que, baseado nos valores de cooperação, solidariedade e justiça social, possa organizar a produção, distribuição e consumo da riqueza social de maneira mais racional e eqüitativa.

Uma leitura mais correta dos fatos nos remete à dinâmica das origens e da evolução históricas presentes na gênese do pensamento e dos movimentos socialistas. Longe de ter esgotado seu papel na História, o socialismo democrático ressurge como única alternativa humanista em face da irracionalidade, os desmandos e a alienação do sistema capitalista.

DAS ORIGENS: DO SOCIALISMO UTÓPICO AO CIENTÍFICO E AO "REAL"

Dos escombros da Revolução Francesa e da Restauração posterior ao Congresso de Viena (1815) surgiram várias propostas e projetos visando à construção de relações sociais mais dignas e eqüitativas. Os assim chamados socialistas utópicos – Fourier, R. Owen e Saint-Simon, seguidos pelo cooperativismo de Proudhon refletiram os esforços de seus protagonistas em corrigir as assimetrias sociais e as injustiças cometidas contra os trabalhadores e suas famílias no sistema industrial emergente.

Em 1845, saiu publicado o livro de F. Engels sobre "A situação da classe operária na Inglaterra" e, em 1848, o Manifesto Comunista de K. Marx e F. Engels conclamou os proletários de todos os países a unir seus esforços para romper as cadeias de exploração capitalista na luta pela conquista dos Direitos Humanos. A repressão que seguiu as derrotas fragorosas das revoluções burguesas em 1848, na França, na Alemanha, na Áustria, Hungria, Polônia e Rússia, não conseguiu conter as pressões de milhões de trabalhadores arregimentados pelo processo de industrialização emergente, reivindicando condições de vida e de trabalho mais justas.

Na segunda metade do século XIX, a expansão do modo de produção industrial estimulou a formação de sindicatos e, posteriormente, de partidos políticos dos trabalhadores em todos os países europeus. Embora os sindicatos sejam considerados base dos partidos políticos socialistas, seus lideres julgaram a ação sindical insuficiente para induzir transformações do sistema, numa discussão apaixonada e prolongada que perpassou os movimentos em todo o continente europeu, particularmente na Rússia czarista e na Alemanha imperial.

"Reforma ou revolução" foi o divisor de águas em todos os partidos socialistas e social-democratas, sendo os defensores mais articulados da primeira opção os teóricos alemães K. Kautsky e Eduardo Bernstein e os mencheviques, na Rússia. Os revolucionários, minoritários nos partidos, contaram entre seus porta-vozes mais brilhantes Lênin e Trotsky na Rússia e Rosa Luxemburg e Karl Liebknecht (ambos assassinados em 1919) na Alemanha. Sem rejeitar a luta contínua por reformas sociais, por melhorias na situação dos trabalhadores e pela defesa das instituições democráticas, os revolucionários se orientaram por seu objetivo último – a conquista de poder político e a abolição do sistema de exploração capitalista. A luta pela reforma social seria o meio, a revolução social, o fim.

Sob a liderança da social-democracia alemã e francesa foi fundada em 1889 a Segunda Internacional Socialista (a Primeira tinha sido dissolvida em 1873, em conseqüência das intermináveis disputas entre a facção anarquista liderada por Bakunin e os grupos seguidores de Marx e Engels). Mas, apesar do crescimento numérico contínuo dos partidos filiados e sua conquista de maiores bancadas nos respectivos parlamentos, a Segunda Internacional literalmente implodiu com a eclosão da Primeira Guerra Mundial, quando os partidos socialistas votaram a favor da guerra e conclamaram a classe trabalhadora a apoiar o esforço bélico nacional. Em vez de unir-se contra o massacre que durou quatro anos ceifando dezenas de milhões de vidas, os partidos, com a honrosa exceção de Jean Jaurés, na França, Karl Liebknecht e Rosa Luxemburg, na Alemanha e os bolcheviques na Rússia entoaram discursos patrióticos em defesa dos respectivos monarcas e pátrias.

Para manter acesa a chama do internacionalismo, reuniram se sucessivamente em duas aldeias suíças, Zimmerwald (1915) e Kienthal (1916) uma dezena de representantes das correntes revolucionárias, elaborando um manifesto que conclamava para o fim imediato das hostilidades e a instalação de governos republicanos em todos os países. A eclosão da Revolução Russa (fevereiro e outubro de 1917) e sua defesa vitoriosa contra as invasões de vários exércitos que pretendiam restaurar a monarquia pareciam inclinar a balança a favor dos partidos revolucionários.

Mas, as repressões sangrentas dos movimentos revolucionários na Hungria (1919) e na Alemanha, bem como a derrota das tropas soviéticas diante do exército polonês do Marechal Pilsudski fizeram refluir a onda revolucionária e levaram ao isolamento da União Soviética. Uma das conseqüências da hostilidade e do cerco do mundo capitalista e das organizações internacionais foi a instalação da sede da Terceira Internacional Comunista em Moscou e seu total controle pelo PCUS – Partido Comunista da União Soviética e, posteriormente, pela KGB, a polícia secreta de Stalin.

As barbaridades cometidas por esta durante a Guerra Civil espanhola (1936-39) contra militantes oposicionistas, particularmente os anarquistas e trotskistas massacrados pelas tropas e a polícia sob controle dos stalinistas; as denúncias e a entrega de militantes comunistas opositores alemães à Gestapo – a polícia secreta dos nazistas e, finalmente, a assinatura do Pacto de não-agressão entre os ministros de Relações Exteriores da Alemanha (Ribbentrop) e da URSS (Molotov) em 1939 pareciam ter selado o destino da Terceira Internacional.

Eliminando brutalmente os partidos e correntes oposicionistas, a "ditadura do proletariado" passou à ditadura do partido, dirigido pelo Comitê Central que, por sua vez, estava totalmente controlado pelo secretário-geral, o "camarada" Stalin.

O dilema existencial causado aos militantes comunistas, sobretudo na Alemanha, França e Europa Central em conseqüência da aliança entre Hitler e Stalin, reforçou e confirmou as críticas levantadas contra o Termidor – a decapitação da elite revolucionária de 1917, levada aos tribunais, condenada e executada nos famigerados processos de Moscou.

Na mesma época, ocorreu o exílio forçado seguido de perseguição implacável do líder da oposição Leon Trotsky (autor de "A Revolução Traída") até o México, onde foi assassinado a mando de Stalin, em 1940. A invasão da ex-URSS pelas nazistas em 1940 e sua aliança com as democracias ocidentais (EUA e Grã-Bretanha) na guerra contra as potências do eixo, Alemanha, Itália e Japão, abafaram as críticas e restrições contra o regime de terror e seu partido, enquanto os PCs da França e Itália conseguiram obter grande votação nos anos pós-guerra.

Ademais, cedendo à pressão de seus "aliados" da Segunda Guerra Mundial, em 1943, Stalin decretou a dissolução da Internacional Comunista.

A reconstrução da Europa pelo Plano Marshall e a eclosão da Guerra Fria iniciaram um processo de perda de prestígio e de votos dos PCs e criaram condições para o ressurgimento dos partidos social-democratas e socialistas como representantes dos trabalhadores, nos países da Europa Ocidental, na luta por uma distribuição mais eqüitativa do produto dos "milagres econômicos".

O ponto culminante desta tendência foi a ascensão ao governo de W. Brandt seguido da H. Schmidt na Alemanha, de F. Mitterrand na França, de M. D'Alema e R. Prodi na Itália; governos social-democratas nos países escandinavos, na Bélgica e Holanda e, por último, a reconquista do poder das mãos da conservadora M. Thatcher pelos trabalhistas de T. Blair.

A partir dos anos 90, com a queda do socialismo "real" no leste europeu, novamente ofereceu-se uma chance aos partidos social-democratas para que cumprissem o papel histórico de apresentar uma alternativa viável aos desmandos e a irracionalidade do sistema capitalista em sua versão neoliberal.

Acreditando na possibilidade de desenvolvimento econômico nos parâmetros da dinâmica do capital financeiro, mesmo para os países de desenvolvimento "tardio" ou o chamado "terceiro mundo", os dirigentes dos partidos social-democratas aliaram-se aos partidos de "centro direita" para assumir o governo. Para justificar suas políticas de compromissos e de abandono das reivindicações dos trabalhadores ao aderir ao receituário neoliberal do FMI, foi elaborada uma esdrúxula teoria sobre a "Terceira Via" a partir de idéias seminais de Anthony Giddens, acadêmico e guru de Tony Blair, esposada pelos principais chefes de Estado europeus, reunidos num encontro, em 1999, em Florença, Itália. E ao qual compareceram também os presidentes B. Clinton dos EUA e F.H. Cardoso do Brasil.

Concebida como tentativa de modernização da social-democracia, a Terceira Via iria conciliar a flexibilidade econômica norte-americana com a proteção social dos europeus. Na realidade, a dinâmica de acumulação e reprodução do capital, em vez de resultar em síntese da flexibilidade econômica e da proteção social, produziu a insegurança econômica e social generalizada. A confiança na capacidade de mercado para sustentar políticas distributivas mostrou ser ilusória e inconsistente com os desafios de construção de uma sociedade sustentável, em que todos os cidadãos teriam responsabilidades sociais.

A reunião que devia oficializar a doutrina da Terceira Via, na realidade foi o início de sua decadência, com a perda sucessiva de votos, cadeiras no Parlamento e inclusive de governos, na Áustria, em Portugal, na Itália e, mais recentemente, na França de Lionel Jospin. O eleitorado, tradicionalmente de "esquerda" que dava apoio e votos aos partidos social-democratas, expressou seu descontentamento e descrédito e afastou-se das lideranças tradicionais, abstendo-se de votar e abrindo espaço para o avanço dos partidos da "direita", os conservadores xenófobos, racistas e ultranacionalistas.

O cenário emergente no final do século vinte criou desafios econômicos, sociais e políticos para os quais a social-democracia, mesmo vestida de seu manto de Terceira Via, não estava preparada e capacitada para responder. Com a recessão profunda que se abateu sobre a economia norte-americana, cujos efeitos se propagaram como em círculos concêntricos através de todo o sistema mundial, inúmeros países "emergentes" praticamente afundaram em suas dívidas e contradições sociais internas.

O colapso da Argentina em 2001 parece assinalar que o sistema financeiro internacional estaria nos limites de poder "salvar" economias falidas, endividadas e corruptas (México, Tailândia, Indonésia, Rússia, Brasil, Turquia, Equador, Filipinas e outras). Mas, ao caos econômico segue inevitavelmente o social e político, tese profusamente demonstrada pelas manifestações de massa de revoltados, cidadãos empobrecidos e marginalizados.

Do outro lado da "cortina de ferro", a derrocada do sistema stalinista na ex-URSS e nos países satélites resultou de imediato numa deterioração violenta das condições de vida da maioria das populações, repentinamente expostas às turbulências do mercado, sem a proteção paternalista (educação, saúde, habitação, emprego) do Estado.

Na década dos noventa, quarenta países estavam sendo dirigidos por governos social-democratas ou por alianças dominadas pela "esquerda". Entretanto, revelaram se impotentes para induzir mudanças sociais e econômicas em face da pressão avassaladora da globalização econômica e militar e devido aos compromissos assumidos com os representantes do capital nacional e internacional.

As lideranças políticas dos partidos social-democratas, inclusive o PSDB no Brasil, ficaram presas na armadilha que elas próprias construíram. Tendo pregado e defendido durante anos que não haveria futuro fora do sistema neoliberal, assumiram plenamente a responsabilidade pelas políticas econômicas, financeiras e trabalhistas decorrentes, e contribuíram para o agravamento da marginalização e exclusão de milhões de pessoas vítimas do aumento da "divida social", enquanto nas questões de política externa aderiram à doutrina da globalização "inevitável", aliando-se incondicionalmente à superpotência hegemônica.

Não advogamos contra a integração regional e internacional, mas rejeitamos sua imposição "por cima", que tende a agravar a assimetria social e a divisão da humanidade entre uma minoria rica e poderosa, e a massa de desprivilegiados e excluídos.

Não pregamos contra a integração e a aproximação dos povos, mas elas devem processar-se democraticamente, de modo gradual e seletivo.

O FIM DO SOCIALISMO?

A distinção entre a globalização e a universalização não é apenas conceitual. A investida da primeira contra barreiras ao livre comércio é brutal, sob o comando das corporações transnacionais. A universalização, impulsionada pelas ONGs, por movimentos sociais, alguns sindicatos e partidos promove uma integração dos povos, de suas economias e culturas, de modo lento, gradual e seletivo. Os agentes da globalização, em sua busca de maximização de retorno sobre os investimentos, pressionam por escalas de produção e o nivelamento dos padrões de consumo, enquanto os atores da universalização defendem o pluralismo e a diversidade de estilos de vida.

A globalização adota padrões de organização, tanto no setor privado, quanto no público, rígidos, de centralização autoritária, em oposição aos princípios de democracia participativa, de transparência e de responsabilidade cidadã da universalização. Na primeira, os seres humanos estão sendo alienados e transformados em meros objetos de decisões tomadas segundo a racionalidade funcional de "meio-fim", enquanto na segunda, cada um (a) se torna sujeito ativo e autônomo do processo, orientado por valores substantivos ancorados na Carta dos Direitos Humanos.

Os agentes da globalização são dominados pelo frio cálculo econômico, insensíveis aos efeitos desastrosos no tecido social. A universalização enfatiza os aspectos éticos do comportamento individual e coletivo e não gera desempregados, desabrigados, famintos, doentes, enfim, excluídos. Em suma, a globalização configura um processo de integração "por cima", na contramão da História, enquanto a universalização "de baixo para cima", acena com um futuro mais digno, justo e seguro para a humanidade.

Socialismo no século XXI

O fim do século XX viu ruir as utopias revolucionárias e, ao mesmo tempo, o fracasso da ideologia desenvolvimentista. A maioria da população mundial, vivendo nos países do Terceiro Mundo, passou pela amarga experiência de rejeição e desencanto das promessas da ideologia dominante secularizada. Perdeu suas frágeis esperanças e, com elas, a visão de um futuro mais justo e uma vida mais digna. A brutalidade das políticas reais do sistema capitalista, desprezando e reduzindo os valores humanistas a conceitos de mercado e de transações comerciais, acabou provocando as reações de indignação e revolta, em busca da utopia perdida.

A promessa de uma era de progresso e justiça para todos, lançada com o advento da Revolução Francesa de 1789 e novamente após a II Guerra Mundial, foi desmentida por um processo de desenvolvimento desigual que deixou o mundo das excolônias cada vez mais para trás. Os impactos da penetração fragmentada da modernidade nas culturas tradicionais causaram a ruptura de seu tecido social e a conseqüente perda de identidade e das raízes. A destruição e o caos causados pelo avanço impetuoso da chamada modernidade, criaram o caldo de cultura fértil para o renascimento do fanatismo fundamentalista, do isolacionismo, da xenofobia e intolerância e da propensão à "guerra santa" contra os "infiéis".

É verdade que a crise de identidade é geral em todas as sociedades, à medida que a exclusão, a insegurança e a incerteza quanto ao futuro se tornem o destino comum da grande maioria da humanidade. As experiências fracassadas da ex-URSS e, também, da social-democracia, inclusive da natimorta Terceira Via, longe de assinalar o "fim do socialismo", encerraram lições valiosas para os movimentos sociais emancipatórios do século XXI.

O Estado de bem-estar foi capaz de reduzir transitoriamente o desemprego e diminuir a pobreza nos países mais desenvolvidos. Mas, politicamente, levou à cooptação das elites dos trabalhadores e sua adesão ao discurso e às práticas de flexibilização das relações de trabalho, com a conseqüente polarização da sociedade e a marginalização dos mais pobres. Uma sociedade dividida em classes não pode construir um sistema socialista igualitário e justo, seja por mando de um Estado autoritário, seja pelo mecanismo da "mão invisível" do mercado.

As políticas neoliberais e suas desastrosas conseqüências em termos de deterioração da qualidade de vida dos trabalhadores e da maioria da população estão na raiz do distanciamento das massas de seus partidos tradicionais e dos governos com os quais estes colaboram, ou apóiam. Para os grupos mais politizados, os partidos social-democratas e socialistas perderam o poder mobilizador, incapazes que foram de evocar uma visão alternativa da sociedade.

Outra parte das vozes e votos discordantes foi para a "direita" (vide o avanço de Le Pen, J. Haider e outros) que, pregando também contra a globalização, colheram os votos dos pobres marginalizados, da baixa classe média e dos desempregados que se sentiram abandonados pelos partidos de esquerda tradicionais.

Votos de protesto apoiando os candidatos da oposição não significam necessariamente uma tomada de posição consciente, uma adesão a uma plataforma ideológica e política alternativa. Parece, contudo, cada vez mais nitidamente que, para os partidos tradicionais da esquerda, o objetivo de construir uma sociedade alternativa mais justa foi substituído pela necessidade de manter a organização burocrática e os privilégios decorrentes de seu funcionamento e das alianças celebradas com os antigos adversários.

A participação nas instituições da ordem burguesa capitalista abriu as portas para a cooptação das organizações sindicais e políticas e de seus dirigentes. Assim, os partidos socialistas e social-democratas não apenas legitimaram as políticas do sistema capitalista, mas passaram também a defendê-las nos fóruns nacionais e internacionais.

Tanto os social-democratas reformistas quanto os revolucionários replicaram em suas organizações e nas práticas políticas os padrões de conduta e de liderança autoritários, baseados em raciocínios cartesianos lineares com suas interpretações deterministas da História. Uma proposta alternativa abrangeria inevitavelmente desde uma visão do mundo diferente ("o mundo não é uma mercadoria"...) até novas formas de organização e mobilização social.

A nova visão, ao rejeitar a globalização imposta "de cima para baixo", propõe a integração a ser realizada pelas populações, "de baixo para cima". Em vez de um punhado de executivos, empresários, tecnocratas e seus intelectuais orgânicos, seriam as organizações populares e democráticas, baseadas na participação, e o engajamento de todos que conduzirão o processo de transformação social, econômico e político. Essa empreitada e as tarefas dela decorrentes não podem ser atribuição de uma minoria "iluminada".

Predomina a preferência dos governantes, independentemente dos partidos que estiverem no poder, por um planejamento e controles centralizados no processo de tomada de decisões, em oposição a medidas de descentralização, autonomia e autogestão. Essas atitudes estão sendo justificadas pela crença de que decisões técnicas e jurídicas seriam suficientes para resolver os conflitos de interesses e de valores em jogo.

A burocracia desafia e nega a eficácia de decisões em políticas públicas por via de debates e votos em assembléias democráticas. Agravam essa resistência ao processo democrático a falta de compromisso de longo prazo dos servidores públicos devido à instabilidade do contexto político e a falta de credibilidade da maioria dos políticos. Por último, estão sempre presentes dilemas decorrentes de incertezas técnicas e científicas e a complexidade do arcabouço jurídico-legal que influem na definição de prioridades e na alocação de recursos, sempre escassos.

A construção de projetos alternativos baseados nas premissas de cooperação, solidariedade e justiça social constitui o pilar de um regime de democracia participativa, em substituição à coerção exercida mediante o marketing político e a manipulação da opinião pública pela mídia oligopolizada.

O neoliberalismo em ascensão no final do século vinte enfraqueceu o potencial democrático da luta pelos direitos humanos, característica central de nossa época. Desenvolveu uma estratégia dividida em três etapas: na primeira, privilegiam-se os movimentos e organizações do terceiro setor como expoentes da suposta solidariedade social. Mas, a ênfase na importância dos direitos civis ofusca a luta pelos direitos políticos. Ainda mais residual e relegada fica a terceira etapa, a conquista dos direitos sociais e econômicos – emprego, habitação, educação, saúde e lazer para todos.

Os movimentos em prol da emancipação de toda a humanidade e da conquista plena da cidadania procuram resgatar a natureza e a dinâmica indissoluvelmente interligada das três dimensões, desde os direitos básicos à uma existência material e emocionalmente assegurada até à liberdade, a participação democrática e a justiça social. É a concretização do conjunto dessas três reivindicações que constitui o paradigma alternativo ao modelo neoliberal.

A modernidade neoliberal provocou a desarticulação da luta pelos direitos humanos e a invasão do mundo de trabalho, gradualmente transformado em mundo de pobreza, marginalidade e exclusão. Pobreza e desigualdade acabam sendo desalojadas dos debates políticos, e deslocadas para a categoria de fenômenos regidos pelas leis da "natureza" ou da economia do mercado. Em outras palavras, poderiam ser solucionadas somente pelo crescimento econômico e, até lá, são sujeitos ao tratamento pela gestão técnica ou pela filantropia.

Os donos do poder qualificam o discurso e as reivindicações pelos direitos à cidadania como manifestações de atraso que criariam obstáculos à ação modernizadora do mercado. Em vez de responsabilidade política oferecem a responsabilidade moral e a "comunidade solidária" que distribui benefícios e serviços que impedem a formulação de metas e objetivos da luta pelos direitos à cidadania como uma questão pública. Pobreza passa a significar objetivamente a negação desses direitos, condenando a maioria da população à condição de dependentes de caridade alheia, e ao mesmo tempo sufocam o espírito de reivindicação e luta.

A conquista dos Direitos Humanos, a plena vigência do Estado de Direito e da justiça social exigem ações coletivas nas quais os atores sociais se tornem agentes ativos e conscientes do processo histórico e gestores de seu destino.

Na sociedade capitalista, a reprodução da exploração econômica e da dominação política inviabiliza os esforços de humanização das relações sociais em geral, e do trabalho em particular. Por outro lado, sendo as questões de liberdade e igualdade inseparáveis do socialismo, este só é concebível com a plena vigência da democracia, ou seja, a abolição da separação entre dirigentes e executores, e o controle do processo de produção e de todas as atividades sociais por seus sujeitos, irmanados por laços de cooperação e solidariedade.

A nacionalização, o planejamento econômico impositivo e mesmo a socialização dos meios de produção pelo Estado não garantem a socialização do poder político. O Estado (na concepção leninista) continua a representar um mecanismo arbitrário de autoridade pública isolada da sociedade civil a qual procura construir o espaço de liberdade em oposição ao aparelho estatal. Este, embora possa superar a anarquia da concorrência selvagem, não é capaz de atender aos requisitos básicos de uma sociedade democrática – a liberdade e os direitos individuais, a autonomia e a iniciativa criativa.

O aparente impasse encontra respostas na prática política das sociedades modernas que evoluem de regimes de democracia formal representativa para a democracia participativa. A inadequação das primeiras fica cada vez mais patente, seja pelo nepotismo que cria verdadeiras dinastias, particularmente nas regiões mais atrasadas, seja pelo poder de manipulação e do marketing político da mídia, sem falar do peso das grandes organizações industriais e financeiras cujo poder financeiro constitui-se em fator decisivo em todas as eleições. São essas entidades que se tornam os maiores obstáculos à democratização da sociedade, em nome de supostos princípios racionais necessários ao funcionamento de organizações e sociedades complexas.

Reduzindo a participação da sociedade civil a um voto periódico, certamente mais eficaz do que a coerção autoritária, despolitizam-se os conflitos alegando a busca de um consenso (manipulado). De onde é possível inferir que a democracia social exige o controle dos meios de produção e dos aparelhos de poder. Mas, como contestar o argumento de competência necessária pela tecnologia de ponta cuja dominação exigiria os especialistas que inviabilizariam a democracia?

Sem resvalar para o fetiche da "democracia direta" via comícios, assembléias e revogação de mandatos seria possível construir a cidadania política? Comissões e conselhos em bases territoriais, dispondo de instrumentos de deliberação, fiscalização e censura, inclusive de referendos para decidir sobre prioridades de políticas públicas e alocação de recursos, como ocorre em vários municípios brasileiros que adotaram a prática de Orçamento Participativo, formarão a base da democracia socialista.

Aos céticos e cínicos que desdenhem de uma análise crítica do contexto histórico, sob a alegação da inviabilidade ou inutilidade de "utopias", deve se lembrar o que seria o mundo não houvesse, em todas as gerações, indivíduos capazes e corajosos de pensar as alternativas, posteriormente transformadas em realidade. Trezentos anos atrás, o mundo "civilizado" foi governado por um punhado de monarcas absolutistas *("l' Etat c'est moi")* e suas cortes corruptas e parasitas.

Afinal, a História do capitalismo data de alguns séculos apenas, durante os quais foram travadas inúmeras guerras, com dezenas de milhões de pessoas exterminadas e inestimáveis recursos naturais devastados. Impelido por uma dinâmica perversa de concentração e polarização em todas as esferas da vida social, o sistema não parece dispor de saídas para romper o círculo vicioso. Baseando-nos na premissa "toda a realidade é construção social" inferimos que aquilo que foi construído por seres humanos, por eles pode ser desconstruído e reconstruído. Portanto, seria ilógico e injusto rejeitar o socialismo, invocando o fracasso da única experiência de sua implantação, em condições históricas extremamente adversas.

Mas, diferentemente do embate entre capital e trabalho nos séculos XIX e XX que polarizou os conflitos sociais e políticos, o socialismo em nosso século será construído pelas alianças e redes entre movimentos e organizações sociais, em nível local, nacional e internacional. Suas lutas transcendem as questões salariais para enfrentar os problemas da exclusão social, o desemprego, a destruição de pequenas empresas, a precarização das relações de trabalho, a biodiversidade e a devastação ambiental, as reformas agrária e urbana e, sobretudo, a defesa intransigente dos Direitos Humanos em todas suas dimensões.

Para corresponder ao anseio generalizado por uma cidadania plena, de direitos e responsabilidades, o socialismo do século XXI será democrático, aberto à participação de todos e visceralmente comprometido com a liberdade individual e a justiça social.

Voltamos, portanto, a afirmar "um outro mundo é possível!"

Prioridade: construir o Capital Social

Os descaminhos do desenvolvimento

O fracasso das recomendações do "Consenso de Washington" – liberalizar, privatizar e flexibilizar as relações de trabalho – impõe uma revisão urgente da teoria e da prática do desenvolvimento econômico. A experiência das duas últimas décadas evidencia amplamente que não é o maior crescimento econômico, mas a qualidade deste, que determina a medida do aumento do bem-estar. O crescimento do PIB não significa melhor qualidade de vida, em termos de saúde, educação e mais liberdade de opções. Número crescente de estudiosos consideram o crescimento econômico como condição necessária porém não suficiente para o desenvolvimento, que é um processo complexo e irredutível a poucas variáveis econômicas.

Para Amartya Sen (1981), o desenvolvimento seria o processo de ampliação da capacidade de realizar atividades livremente escolhidas e valorizadas, o que não é conseqüência automática do crescimento econômico. Para James Wolfensohn, presidente do Banco Mundial (1996), "sem desenvolvimento social concomitante, nunca haverá desenvolvimento econômico satisfatório".

Apesar dos esforços louváveis do Banco Mundial para financiar e apoiar projetos de desenvolvimento social, os resultados têm sido decepcionantes. Ignoram seus mentores a contradição fundamental inerente ao sistema de produção capitalista, cuja dinâmica de acumulação e reprodução – via busca cega de mais produtividade e lucros – tende a destruir o tecido das relações sociais.

A exploração e alienação no trabalho pela divisão e subdivisão das tarefas; o desemprego tecnológico e estrutural; as migrações e o conseqüente desarraigamento de trabalhadores rurais e urbanos propagam os sintomas de anomia social – agressões, violência e criminalidade que afetam indiscriminadamente a todas as camadas da população. O ritmo e a intensidade com que progride a concentração de capital em conseqüência da corrida pela produtividade e eficiência, sem considerar os efeitos sociais negativos, não podem ser compensados por projetos paternalistas e de caridade.

A proposta alternativa parte de uma visão sistêmica, contemplando a multiplicidade de fatores intervenientes e suas relações recíprocas, recusando a visão mecânica simplista e postulando que "o todo é diferente da soma das partes".

Os cientistas sociais que se debruçaram sobre a problemática dos fracassos do desenvolvimento e suas causas – positivas e negativas – têm apontado alternadamente para variáveis geográficas, políticas, étnico-raciais, entre outras para explicar os respectivos sucessos de alguns países e regiões, particularmente do hemisfério setentrional, e os fracassos do desenvolvimento no sul, nas antigas áreas e territórios colonizados. (The Economist – Roots of Development, October 5, 2002, pág.74).

Uma nova política social, em vez de procurar remediar os efeitos destrutivos da lógica da acumulação, é concebida como condição indispensável do desenvolvimento sustentável. Em todos os debates travados nos últimos anos, o conceito de Capital Social tem ocupado espaço crescente, devido à percepção de seus impactos na reformulação das práticas de desenvolvimento.

Além da onda de democratização que varreu o mundo dos países pobres nas últimas duas décadas, criando condições favoráveis à revisão crítica das teorias convencionais, está se impondo a percepção do ser humano como ator social. Em vez de condicioná-lo por estímulos e sanções positivas e negativas, "a cenoura ou o chicote" do sistema de produção taylorista, procura-se trabalhar com a necessidade gregária, o espírito de cooperação e os valores de apoio mútuo e solidariedade, como base na "eficiência social coletiva".

No clima geral de incerteza e insegurança quanto ao futuro e, tendo em vista o baixo poder explicativo da epistemologia convencional, torna-se imprescindível à integração de novos conceitos e análises nos debates sobre desenvolvimento. Entre estes, ocupam lugares cada vez mais proeminentes o capital social e o papel da cultura.

Capital social e cultura como fatores de desenvolvimento

Estudos de economistas do Banco Mundial distinguem quatro formas básicas de capital: o natural, constituído pelos recursos naturais aproveitáveis em cada espaço geográfico-ecológico; o capital físico, construído pela sociedade, tal como a infra-estrutura, as máquinas e equipamentos, o sistema financeiro; o capital humano, resultado do nível de educação, saúde e acesso à informação da população, e o capital social – conceito inovador nas análises e propostas de desenvolvimento. Ao tentar desvendar as causas da dinâmica de expansão do sistema de produção capitalista nas últimas décadas, privilegia-se a contribuição do capital social e humano para o desenvolvimento tecnológico, o aumento da produtividade e o próprio crescimento da economia.

Por ser de origem recente – as primeiras menções são da década de noventa – não há ainda uma definição precisa de capital social e a maioria dos autores recorre a definições relacionadas com suas funções, ressaltando ora aspectos da estrutura social, ora o uso desse recurso por indivíduos. Coleman

(1990) trabalha com o conceito no plano individual, apontando a capacidade de relacionamento do indivíduo, sua rede de contatos sociais baseada em expectativas de reciprocidade e comportamento confiáveis que, no conjunto, melhoram a eficiência individual.

No plano coletivo, o capital social ajudaria a manter a coesão social, pela obediência às normas e leis; a negociação em situação de conflito e a prevalência da cooperação sobre a competição, tanto nas escolas quanto na vida pública, o que resultaria em um estilo de vida baseado na associação espontânea, no comportamento cívico, enfim, numa sociedade mais aberta e democrática.

Também para Putnam (1984), um dos pioneiros nos estudos sobre capital social, este se reflete no grau de confiança existente entre os diversos atores sociais, seu grau de associativismo e o acatamento às normas de comportamento cívico, tais como o pagamento de impostos e os cuidados com que são tratados os espaços públicos e os "bens comuns".

Enquanto o capital humano é produto de ações individuais em busca de aprendizado e aperfeiçoamento, o capital social se fundamenta nas relações entre os atores sociais que estabelecem obrigações e expectativas mútuas, estimulam a confiabilidade nas relações sociais e agilizam o fluxo de informações, internas e externas. Em vez de controles e relações de dominação patrimonialistas, o capital social favorece o funcionamento de normas e sanções consentidas, ressaltando os interesses públicos coletivos.

Enquanto as vias convencionais de formar capital humano estimulam o individualismo, a construção de capital social repercute favoravelmente na coesão da família, da comunidade e na sociedade. B. Kliksberg (2001) ressalta o papel fundamental do Estado na criação do capital social. Citando vários estudos realizados pelo Banco Mundial e universidades norte-americanas, evidencia-se uma correlação significativa entre o grau de confiança geral e as normas de cooperação prevalecentes na sociedade com os avanços no desenvolvimento econômico e social.

Como hipótese a ser testada empiricamente, afirma-se que quanto menor a polarização entre ricos e pobres, maior o capital social, maior a participação em associações e projetos coletivos, maior a renda e melhores as práticas produtivas, na agricultura e na indústria. A cooperação com a administração pública melhora a qualidade dos serviços públicos e influencia positivamente o rendimento das crianças nas escolas e a eficiência dos serviços de saúde.

Fatores adversos à formação de capital social são a desigualdade na distribuição da renda e de oportunidades, o desemprego e as catástrofes naturais que levam à migrações, desarticulando a rede de relações sociais existentes e exigindo dos indivíduos grandes esforços nas tentativas de reconstrução de uma rede de relações sociais de apoio e confiança. As maiores vítimas no processo de desestruturação são as crianças, particularmente, as de famílias desorganizadas, que apresentam baixos índices de aprendizagem e elevadas taxas de evasão escolar.

Segundo A. Hirschman (1986), o capital social não se desgasta com o uso e não se esgota, mas pode ser destruído ou reduzido, aumentando a vulnerabilidade dos mais pobres e mais fracos, dos desempregados e desabrigados sujeitos às manifestações das diferentes formas de violência, agressões e delinqüência, transformando o ambiente numa situação em que o homem se torna o lobo dos outros (*homo homini lupus*).

CAPITAL SOCIAL E CULTURA

A cultura, entendida como o conjunto de conhecimentos, crenças, artes, normas e costumes adquiridos e desenvolvidos pelos seres humanos em suas relações sociais, é um fenômeno universal, embora infinitamente variada em suas manifestações concretas. Sendo a parte "aprendida" do comportamento humano, a cultura em seus variados aspectos confere "sentido" à vida dos seres humanos, que se comportam de acordo com as normas e valores codificados em sua linguagem de símbolos que, em seu conjunto, configuram o estilo de vida do grupo, da comunidade e da sociedade. Sua função básica é manter a coesão do grupo de seus portadores, resistindo às mudanças introduzidas por processos econômicos e políticos, internos e externos.

A interação com outros grupos e sociedades resulta em pressões e conflitos que têm caracterizado toda a evolução histórica da humanidade. Inovações tecnológicas e bens de consumo são mais facilmente assimilados, enquanto padrões culturais que afetem a estrutura familiar e o código moral e religioso despertam mais resistência e sentimentos de solidariedade dos membros do grupo.

Esse tipo de coesão que se fecha contra o intercâmbio externo aproxima-se do padrão, denominado por E. Durkheim, de "solidariedade mecânica", baseado na uniformidade e rigidez de conduta e suas sanções. Como conciliar a aspiração à autodeterminação e autonomia cultural de inúmeros grupos étnicos, ansiosos de preservar sua cultura e tradições, em face do avanço impetuoso da globalização da economia, rompendo todas as barreiras e impondo padrões de consumo, materiais e simbólicos, únicos?

O fortalecimento e a mobilização das culturas tradicionais podem exercer um papel importante nas políticas e projetos que visem a superação do estado de pobreza e a integração de populações marginalizadas e excluídas. Mesmo desprovidas e espoliadas de bens materiais, a cultura e as tradições com seus conhecimentos acumulados e aplicados em projetos de integração social podem ter um papel fundamental.

O resgate de padrões tradicionais na preparação de alimentos, elaboração de produtos de artesanato, cantos e danças podem funcionar como elemento-chave na reconstrução da identidade coletiva e do capital social.

Processos de intervenção social devem visar prioritariamente o resgate da auto-estima dos grupos e populações marginalizadas, a fim de estimular sua criatividade e o espírito de cooperação. "A promoção da cultura popular, a abertura de canais para sua expressão, seu cultivo nas gerações jovens (...) cria um clima de apreço genuíno por seus conteúdos, fará crescer a cultura e, com isso, devolverá a identidade aos grupos empobrecidos" (Kliksberg, 2001, p.142).

A exclusão social – fenômeno típico nas sociedades periféricas neste século – que se revela na fome, falta de abrigo e falta de acesso ao mercado de trabalho tem-se alastrado pelos efeitos perversos da acumulação concentradora de riquezas do próprio sistema. A democratização da cultura, pela criação de espaços culturais acessíveis às populações desfavorecidas, permite criar vias de integração. Atividades culturais podem funcionar como um sistema educativo complementar, reforçando o trabalho da escola, inclusive para adolescentes e adultos que abandonaram antes do tempo o ensino oficial.

Desenvolvendo uma ampla variedade de programas, os espaços culturais podem oferecer opções alternativas de identidade, pertinência e participação social. A família, instituição social básica de integração social, seria a principal beneficiada por programas culturais, reforçando os vínculos afetivos e espirituais que contribuem à melhoria do rendimento escolar das crianças e no desenvolvimento de sua inteligência emocional e criativa. Outro aspecto positivo reside no estímulo a uma cultura de saúde preventiva, envolvendo todos os membros da família.

Diante do quadro de desagregação de famílias de deserdados, quando uma parcela crescente é chefiada pelas mães com numerosa prole a cuidar, os espaços culturais podem contribuir ao fortalecimento dos laços, internos e externos, dessa instituição e de diferentes formas de associação e cooperação para enfrentar problemas comuns. Não devemos, contudo, alimentar ilusões quanto aos efeitos milagrosos da participação em espaços culturais.

A cultura oficial, tanto no sistema educativo quanto na vida profissional, enfatiza o individualismo e o desinteresse pelo bem-estar coletivo. Estimula o consumo afluente e o enriquecimento individual como principais objetivos na vida, o que enfraquece o tecido social e leva à sua desagregação. A predominância de valores contrários à solidariedade e cooperação resulta em expansão das redes de corrupção e delinqüência em todos os níveis da sociedade.

A cultura constitui o âmbito onde a sociedade gera valores e os transmite de geração a geração. Valores positivos favorecem a eqüidade e a justiça social, à medida que permeiem os grupos e as instituições sociais, desde a escola e os lugares de trabalho até os tribunais de justiça. Constituem fatores propícios ao espírito empreendedor coletivo e, assim, ao desenvolvimento democrático e participativo.

São também esses valores que têm potencial de atrair jovens das classes mais abastadas para que engajem em atividades de voluntariado e de militância em ONGs e movimentos sociais, inspirando uma consciência cívica fundamental para a formação da sociedade civil capaz de arcar com uma parte das responsabilidades do desenvolvimento social, em estreita colaboração e parceria com os poderes públicos.

Paradigmático a esse respeito é a criação de uma Comissão Governamental de Valores Humanos, em 1998, na Noruega (vide Kliksberg, 2001, p. 146), com os seguintes objetivos:

a) criar na sociedade uma consciência crescente sobre os valores e os problemas éticos;

b) contribuir para um maior conhecimento do desenvolvimento de valores humanos em nossa cultura contemporânea;

c) identificar desafios atuais em matéria de ética da sociedade e discutir possíveis respostas;

d) promover a integração dos diferentes setores a esse debate;

A colaboração entre o poder público e a sociedade civil afigura-se como fator fundamental para mobilizar e liberar as forças criativas latentes para a luta por um desenvolvimento sustentável em nossa sociedade.

Referências Bibliográficas

ACEMOGLU, D et al. "The Colonial Origin of Comparative Development", em *American Economic Review*, vol. 91, 2001.
ARIZPE, L. *La cultura como contexto del desarollo in El desarrollo econômico y social en los umbrales del siglo XXI*. Emmerij.L. et al (org). BID, Washington, DC. 1998.
BANCO MUNDIAL. *The Quality of Growth*. Washington D.C., 2000.
_____. *Beyond the Washington Consensus*. Institutions Matters, 1998.
COLEMAN, J. *Foundations of Social Theories*. Harvard University Press, 1990.
EASTERLY, W e ROSS LEVINE. *Tropics, Germs and Crops: How endowments influence economic development*. NBER Working Paper 9106, 2002.
HIRSCHMAN, A. "Against parsimony", *American Economic Review*, v.74 nº 2, 1984.
KLIKSBERG, B. *Falácias e Mitos do Desenvolvimento Social*. S.Paulo: Cortez, Editora/UNESCO, 2001
NAVARRO, Z. *Inventando o Futuro das Cidades: Pequenas Histórias do Orçamento Participativo em Porto Alegre, in Brasil no Limiar do Século*. Rattner, H. (org). S. Paulo: Edusp, 2000.
PUTNAM, R. *Para hacer que la democracia funcione*. Venezuela: Galac, 1994.
SEN, A. *Poverty, famines: an essay on entitlement and deprivation*. Oxford: Clarendon Press, 1981.

Educação para a Democracia

O debate sobre a educação tem-se polarizado em função de duas posições doutrinárias bem distintas: por um lado, encontram-se os defensores do paradigma de "recursos humanos" para o desenvolvimento da economia e da educação, associados aos tecnocratas preocupados com o crescimento econômico a fim de alimentar o sistema de produção com mais um "insumo"; do outro lado, alinham-se os idealistas voluntaristas que encaram a educação como o instrumento predileto de democratização, de mudança social e de realização pessoal.

A polêmica ressurgiu na década de 80, com o avanço impetuoso de tecnologias derivadas da microeletrônica (comando numérico, automação, informatização na indústria e nos serviços), em função de seus impactos sobre o nível de emprego, qualificação e desqualificação de amplos segmentos da força de trabalho, bem como seus requisitos em termos de reorganização das fábricas, dos sistemas e hierarquias técnicas e administrativas e da comunicação interna das empresas.

A teoria do capital humano, encarando a produtividade como função derivada da formação e qualificação profissionais, procura justificar os investimentos em educação de um ponto de vista econômico sem, contudo, atentar para as dimensões socioculturais, tais como o nível de saúde, de habilitação e de motivação da força de trabalho. Esse reducionismo economicista, que encara a educação como um investimento e propõe um planejamento centralizado para resolver os problemas de formação e qualificação da mão-de-obra em face das necessidades do mercado de trabalho, torna-se inadequado à medida que abstrai das tradições e valores culturais da população e não se integra a um conjunto de políticas e diretrizes visando melhorar as condições de vida dos trabalhadores.

A importação de teorias ou modelos para uma política nacional de formação de mão-de-obra não atende às especificidades dos problemas nos países em desenvolvimento, que se caracterizam, geralmente, por uma carência tremenda no ensino básico, considerado fundamental para uma formação profissional posterior e uma eventual reciclagem ou um treinamento contínuo.

Por outro lado, a concepção idealista, que atribui à educação (entenda-se escolarização em diversos graus) a função de panacéia e de fator de mudança social, reflete uma visão a-histórica e distorcida da organização e da evolução sociais. Escolas – como instituições de instrução formal – constituem um fenômeno relativamente recente nas sociedades ocidentais e o benefício do ensino universal e gratuito foi conquistado somente no fim do século XIX, nos países capitalistas industrialmente mais desenvolvidos. Durante o mais longo período da História, a educação, entendida como socialização ou transmissão de costumes, normas de comportamento e valores sociais, tem sido proporcionada informalmente pela família, pelos pares do grupo de idade e pelos membros do clã ou da tribo.

Vista sobre este ângulo, cabe à educação a função precípua de manter, perpetuar e reproduzir as estruturas sociais, à medida que transmita os padrões de conduta e treine para os papéis socialmente desejáveis, logo, tornando-se fator de manutenção do *status quo* em vez de mudança do sistema social. Criticando o sistema educacional da sociedade capitalista, que formaria consumidores dóceis e submissos, Ivan Illich (1971) conclama para a simples eliminação das escolas, propondo a volta à socialização espontânea, em grupos de convívio.

Foi, todavia, nas últimas décadas, à luz da aceleração da produção e difusão de novos conhecimentos científicos e tecnológicos, que o modelo convencional de uma educação que conserva, reproduz e transmite um saber e uma cultura "acabados" passou a sofrer críticas mais profundas, dirigidas também às instituições que a sustentam. De fato, o desenvolvimento das ciências e tecnologias no período pós-guerra ultrapassou de longe tudo que foi descoberto na milenar história da espécie humana. Cada ano são publicados milhões de páginas de relatórios científicos, que se refletem no conteúdo e na metodologia da educação praticada.

Não se afigura mais possível "educar" despejando conhecimentos em cabeças vazias, tendo como objetivo formar leitores de catálogos e de manuais. Abandonando a pedagogia tradicional, repetitiva, monótona e repressiva, torna-se prioritário e fundamental o desenvolvimento da reflexão crítica e da curiosidade intelectual, resultando numa formação científica e cultural além da especialização estreita, mas segundo determinadas vocações profissionais. Postula-se a necessidade de desenvolver concepções e práticas educacionais inovadoras, em função das tendências tecnológicas e econômicas da sociedade industrial.

Contudo, se o objetivo for preparar os trabalhadores para uma participação ativa e responsável é necessário criar condições mediante a difusão de informações e de conhecimentos para uma verdadeira democratização da sociedade, evitando-se a centralização do saber que constitui a base do poder da tecnocracia.

Caberia à universidade um papel central na criação de um potencial científico-tecnológico que, por sua vez, induziria maior racionalidade ao sistema produtivo, à administração pública e à vida social e política em geral.

A comunidade científica exige e defende a autonomia da pesquisa, pois somente na mais absoluta liberdade, sem restrições ou imposições político-econômicas, seria possível produzir conhecimentos objetivos, politicamente neutros e, portanto, "racionais", a partir dos quais poderíamos realizar as transformações necessárias ao advento de uma sociedade democrática.

Vista em retrospectiva histórica, a difusão do modo tecnocrático da organização do trabalho e da sociedade leva-nos a duvidar das conseqüências dessa suposta "racionalidade". Como assegurar a utilização prioritária da racionalidade técnica para a solução dos problemas que afligem três quartos da população mundial nos países menos desenvolvidos? Ou, devemos admitir que o objetivo principal da racionalização crescente do sistema produtivo seria produzir para acumular?

A pretensa neutralidade da ciência e a instrumentalidade da tecnologia parecem ilusões, ou melhor, fazem parte do imaginário social da nossa época, em que se postula a expansão ilimitada de uma pseudo-racionalidade num mundo onde os conhecimentos científico-tecnológicos são postos a serviço da dominação e da exploração.

Caracterizando o desenvolvimento pela acumulação do capital ou o crescimento das forças produtivas, a aplicação de conhecimentos científico-tecnológicos ao processo de produção leva inevitavelmente à racionalização (no sentido de racionalidade formal ou de meio-fim) de todas as esferas da vida social, na economia, na administração, na educação e na cultura. Imposta como ideal, essa racionalidade funcional leva à dominação e exploração, procurando demonstrar a cada instante a impossibilidade do ser humano alcançar sua autonomia, desenvolver sua criatividade e determinar sua própria vida.

As conseqüências, no nível de aprendizagem, apontam para uma generalização de padrões de comportamento individualista e pouca participação e cooperação em atividades coletivas, condicionadas por uma falta de consciência crítica quanto às fontes e ao conteúdo de informações, objetivos e métodos, sobretudo a ausência de motivação interna.

Em um mundo de mudanças rápidas e contínuas, nem os conhecimentos acumulados, nem a conduta "correta" são tão importantes quanto a capacidade crescente do estudante de identificar os problemas existenciais e de pesquisar por soluções originais e criativas. Observação e interpretação coletivas constituem a experiência de aprendizagem mais valiosa que conduz à comunicação, participação e interação solidária, baseadas em consenso e "eficiência coletiva".

Esse processo estimula o desenvolvimento de hábitos de observação, análise, interpretação, avaliação e extrapolação em todos os membros do grupo. Entre os resultados mais prováveis dessa abordagem em nível coletivo encontraremos uma forte motivação para a cooperação, em busca de soluções de problemas comuns; a utilização de tecnologias "apropriadas" e/ou a criação de tecnologias culturalmente compatíveis com a realidade e as tradições e, sobretudo, a resistência à dominação autoritária, interna e externa à comunidade combinada com aspirações permanentes de preservar tradições e valores que reforcem a solidariedade e, assim, as tendências em direção de autonomia, democracia e sustentabilidade.

Trabalho e Democracia

Qual é o futuro da democracia nas sociedades crescentemente corroídas pela perda ou evasão de empregos produtivos? O espectro do desemprego está rondando o mundo. Há mais de 30 milhões de desempregados nos países mais industrializados, membros da OCDE (Organização para Cooperação e Desenvolvimento Econômico). As previsões para os próximos anos, quando o nível de emprego nos principais países do primeiro mundo (EUA, Japão, Alemanha) continuará diminuindo, são sombrias e sem perspectivas de reversão nessa tendência. Se acrescentarmos aos que perderam seu posto de trabalho, os milhões de refugiados e migrantes à procura de abrigos e oportunidades de reconstruir suas vidas, fica caracterizado o perfil de uma crise do sistema que condena, em escala sempre crescente, uma vasta parcela da humanidade à fome, miséria e exclusão da vida social e cultural.

As causas desse fenômeno assustador são múltiplas e, por isso, as medidas e diretrizes reducionistas prescritas ou recomendadas pelos órgãos financeiros internacionais, bem como os esforços empreendidos por governos nacionais, têm se revelado de pouca ou nenhuma eficácia. Bastaria aumentar as exportações, elevar a produtividade e melhorar a qualidade dos produtos para assegurar a absorção pelo mercado de trabalho desses contingentes de milhões de marginalizados do processo produtivo?

A perda do emprego em nossa sociedade significa o inicio de uma longa trajetória de deterioração das condições existenciais do indivíduo, de sua família e da comunidade, resultando na exclusão de fato do convívio social.

A exclusão não deve ser considerada apenas como situação de falta do mínimo para atender as necessidades básicas (alimentação, habitação, transporte, educação, saúde e lazer) das populações carentes, mas funciona, sobretudo, como bloqueio de opções, de possibilidades de desenvolvimento.

Segundo Amartya Sen – prêmio Nobel de economia – o processo de desenvolvimento deve ser concebido como a conquista da liberdade de optar, de escolher seu caminho, seu projeto de vida e de futuro. A falta de oportunidades de escolha resulta em sofrimento, material e psíquico, porque induz um processo de erosão de dignidade pessoal, da auto-estima e, pior, do sentimento de pertencer à comunidade que confere sentido à vida.

Os impactos da perda do emprego e da conseqüente exclusão social devem ser analisados e equacionados por um enfoque transdisciplinar e multidimensional. Enfrentamos os problemas em sua dimensão objetiva de desigualdade econômica e social; em sua dimensão ética de injustiça praticada contra os mais fracos, e em sua dimensão subjetiva dos sofrimentos infligidos, sobretudo às mulheres, crianças, idosos e inválidos.

Aponta-se para a fatalidade do progresso técnico nas últimas décadas como causa do desemprego industrial – à semelhança do que ocorreu na agricultura no fim do século XIX, particularmente nos EUA. Estudos mais recentes colocam em dúvida esse argumento algo simplista. Afinal, o Japão é, dos países industrializados, o que mais automatizou suas indústrias e, todavia, sua taxa de desemprego é a mais baixa de todos os países desenvolvidos.

Sem negar o impacto da inovação tecnológica na perda de postos de trabalho – geralmente menos qualificados – devemos atentar também para a criação de novos empregos, mais qualificados e melhor remunerados, em conseqüência do progresso técnico.

O saldo desse jogo de demanda e oferta de mão-de-obra depende, em última análise, do fluxo de investimentos que, por sua vez, é função da poupança e das condições políticas, econômicas e infra-estruturais prevalecentes em cada país ou região. O baixo coeficiente de investimentos no país (15% do PIB, em média, durante os últimos 20 anos) levanta a questão do destino dado aos lucros pelos detentores do capital. Não constitui segredo que a maior parcela do excedente crescentemente apropriado pelo capital, quando não expatriado e depositado em paraísos fiscais, alimenta a especulação financeira, baseada em taxas de juros quatro a cinco vezes superiores àquelas vigentes nos mercados financeiros internacionais.

A suposta atração que essa situação deve exercer sobre os investimentos estrangeiros não passa de mais uma mistificação. Os recursos que ingressam no país são de curto prazo e altamente especulativos. Os grandes fluxos de investimentos, embora declinantes devido à crise generalizada, são dirigidos, em primeiro lugar, para os países industrializados, a fim de assegurar a presença das empresas transnacionais em mercados cativos e excludentes em função da integração e reestruturação da economia mundial.

Como segunda opção de investimentos para o capital e a tecnologia, hoje facilmente transferíveis pelo mundo, figuram os países que oferecem, além das "vantagens estáticas comparativas" do passado (baixo custo e abundância de matérias-primas e energia), uma força de trabalho barata e competente. Mas, a criação de novos empregos nos países selecionados do terceiro mundo, em função de condições favoráveis que oferecem, não compensa, obviamente, a perda de postos de trabalho nos países de origem de capital.

O terceiro fator explicativo da diminuição da oferta de empregos se prende às possibilidades abertas pela difusão do novo paradigma tecno-econômico, baseado em redes de comunicação globais operando "on-line"; de subcontratar, cada vez mais, a produção de peças e componentes, bem como de serviços auxiliares (limpeza, manutenção, refeições, transporte, segurança) de empresas autônomas. Esses contratos de terceirização não exigem investimentos em instalações e equipamentos e, tampouco, em recrutamento, seleção, treinamento e qualificação da mão-de-obra. A terceirização, além de livrar dos encargos sociais reduzindo os custos de produção, facilita a mobilidade do capital, sempre em busca de maior retorno com menor risco para seus investimentos.

Seria possível estancar ou barrar a perda de empregos (leia-se investimentos) para regiões mais preparadas e, portanto, mais promissoras para a lucratividade dos empreendimentos?

A cultura ocidental foi toda permeada pela visão bíblica do trabalho como maldição. ("No suor de teu rosto"...) Visão reforçada pelos críticos do sistema de produção fabril emergente após a revolução industrial, durante os últimos dois séculos. O novo modelo produtivo estaria em condições não somente de melhor qualificar o trabalhador, mas também, de restaurar-lhe os sentimentos de pertencer, de identidade e, com isto, de estabilidade e segurança.

Estaria mudando a prática das empresas que, diante da queda da demanda ou em conseqüência da automação, não hesitam em tornar redundantes e desempregados indivíduos em plena idade produtiva? Parece mais do que evidente que a sociedade tornar-se-á "sustentável" somente quando a maioria de seus membros encontrar atividades materialmente gratificantes, sem dúvida, mas também significativas, de acordo com as tradições, valores e o conteúdo simbólico de sua cultura.

Ao analisarmos a relação entre trabalho e desenvolvimento é impossível abstrair do contexto sócio-político e cultural do ambiente em que vivemos, trabalhamos e construímos os nossos sonhos, crenças e, por que não, nossos preconceitos que acabam impactando em nosso comportamento individual e coletivo. Essa visão do trabalho como fator estruturador das relações sociais, presente nas analises sociológicas de Marx, Durkheim e Weber, passou a ser crescentemente questionada a partir de posturas críticas, sobretudo na segunda metade do século passado. Autores como Friedmann, Naville e Touraíne, críticos do modelo clássico do operário industrial, alienado e desqualificado, apontaram para as contradições e conflitos profundos decorrentes da condição existencial de ser trabalhador em um mundo dominado pelo capital.

Como sobreviver em uma sociedade que nega, a contingentes cada vez mais numerosos, o acesso ao trabalho e, com isso, ao consumo mínimo, à informação e à participação política? É possível conquistar ou manter os direitos à cidadania, sem ter um emprego?

Por outro lado, mesmo aqueles que conseguem manter-se empregados não escapam dos efeitos de desqualificação e deterioração das condições de trabalho, em termos de segurança e estabilidade, devido à introdução de novas tecnologias, a mobilidade do capital e a conseqüente internacionalização da produção, do comércio e dos investimentos. A complexidade e as facetas multidimensionais da problemática são ressaltadas ao se enfocar as mudanças introduzidas nos processos produtivos, na organização e gestão das empresas, a partir do novo paradigma e, particularmente, da microeletrônica. Após dois séculos de eminência e destaque ao trabalho industrial, estaríamos realmente no ponto de dizer "Adeus ao proletariado" (Gorz, 1982)?

A onda de desemprego que varre o mundo tem desviado a atenção da deterioração do clima social e moral entre aqueles que ainda mantém seus empregos. A disposição de "dar duro" no trabalho e manter-se leal à organização está definhando rapidamente. Por que se esforçar, melhorar a qualidade e aumentar a produtividade, se seus resultados vão causar mais desemprego? Faz sentido exigir lealdade e dedicação à empresa, se seus donos ou dirigentes mudam ou são substituídos em conseqüência de fusões e outras manobras especulativas do capital, semeando tragédias individuais e coletivas, de famílias e de comunidades inteiras? A instabilidade no emprego e o assalto concomitante à seguridade social do trabalhador, além da deterioração geral das condições de vida, produzem uma queda irresistível da moral privada e pública, individual e coletiva. Nos tempos idos, confiava-se no governo para zelar e proteger os direitos dos trabalhadores, diante das pressões permanentes e das práticas agressivas do capital, visando reduzir a participação dos salários no produto social. Hoje, é o próprio governo que, sob a alegação de flexibilizar os contratos de trabalho e, assim, tornar a economia mais competitiva, estimula empresas e sindicatos a infringir os preceitos legais de proteção e de seguridade social do trabalhador.

Enquanto isso, a academia se perde em infindáveis exercícios e debates escolásticos sobre desemprego estrutural, tecnológico, sazonal, terceirização e precarização do trabalho que confundem causas com efeitos, não explicam a dinâmica do processo e, menos ainda, permitem desvendar novos caminhos para enfrentar o problema concreto: como assegurar a sobrevivência de centenas de milhões de vítimas dessa onda de "racionalização" que assola o mundo todo? A maioria dos economistas debruçando-se sobre o fenômeno em si, perde de vista o contexto e, com isto, a dinâmica geral da economia globalizada, impulsionada pelo processo de centralização do capital.

O poder financeiro concentrado em poucas mãos e associado a uma mobilidade praticamente ilimitada proporcionada pela combinação do computador com os meios de comunicação via satélite, é capaz de realizar operações bilionárias em tempo real, sem estar sujeito a qualquer fiscalização, controle ou tributação. Por que, então, investir em ativos fixos na indústria, agricultura, mineração ou transporte, se a política de juros do governo garante um retorno elevado, seguro e com liquidez imediata?

Acabou-se com os sonhos, mas não com os discursos nos gabinetes sobre política industrial, tecnológica e de desenvolvimento regional sabiamente orientada pelo poder público. Assistimos ao espetáculo pouco edificante de transformação de governantes em caixeiros viajantes, percorrendo o mundo em busca de investimentos e excedendo-se nas promessas de vantagens, incentivos e isenções fiscais e tributárias. Não importa em que setor ou região será feito o investimento ou se a tecnologia a ser utilizada será prejudicial ao meio ambiente e à saúde da população conquanto que resulte em crescimento do PIB (Produto Interno Bruto), parâmetro fictício de eficácia utilizado pelos governos, semelhante ao equilíbrio fiscal, sempre prometido, cada vez mais distante. Entretanto, um dos créditos apresentado nas "negociações" é a redução dos salários e dos encargos sociais, enfim, da qualidade de vida dos mais necessitados.

Voltamos ao clima moral criado nos locais de trabalho e na vida pública. A perda de motivação em conseqüência de demissões e da precarização do trabalho, associada às pressões para se reformar o sistema de previdência e de aposentadoria funciona como fator de redução de eficiência e qualidade. Pessoas angustiadas ou infelizes são incapazes de produzir com rendimento ótimo, seja nas fábricas, seja no serviço público.

Por outro lado, a insegurança generalizada criada em função de números crescentes de roubos, assaltos, seqüestros, assassinatos e outros atos de violência repercutem profundamente na vida social e cultural de todas as camadas da sociedade.

Enquanto excluídos, pobres e desempregados são empurrados para a periferia das grandes aglomerações urbanas, destituída de um mínimo de serviços e infra-estrutura que assegurem uma qualidade de vida decente, a classe abastada vive cercada, atrás de grades de ferro e protegida por inúmeros agentes de segurança particulares, o que transforma a paisagem dos bairros mais urbanizados e ajardinados em verdadeiros espaços sitiados.

Os discursos do Presidente e as manifestações contraditórias do Congresso Nacional e da mídia seriam suficientes para convencer os hipotéticos investidores, estrangeiros e nacionais, do espírito de disciplina, confiança e solidariedade no país, em cuja ausência tanto a economia quanto as instituições políticas perdem as condições de eficácia e credibilidade?

A problemática vai além dos bons sentimentos, da filantropia e da ajuda humanitária. A resposta está na reconquista dos direitos de cidadania e da participação política que tornem os indivíduos em sujeitos do processo de sua emancipação, e, assim, os transformem, de meros objetos manipulados, em gestores de seu próprio destino, do futuro da História e da humanidade. Contudo, ao resgatar os indivíduos atores sociais do processo, não devemos tirar a responsabilidade do poder público, em nível municipal, estadual e federal.

Condição básica para um processo de desenvolvimento que resulte em oferta contínua de empregos e aumento da renda dos trabalhadores refere-se a uma mudança radical da política macroeconômica nacional.

Em vez de favorecer sistematicamente o capital, cumpre ao governo a tarefa inadiável de prover e assegurar trabalho para todos e coibir a exploração desavergonhada de trabalho alheio, em franco desrespeito aos direitos humanos e à cidadania.

A construção de uma sociedade sustentável – democrática, justa e mais igualitária – requer a extensão dos direitos humanos, consagrados na Carta das Nações Unidas, além da esfera eleitoral, para a vida cultural, política e social, a partir do direito ao trabalho e a renda e, por meio dele, a inclusão de cada um e de todos, como membros de plenos direitos e oportunidades, à sociedade.

Mas, esforços também devem ser empreendidos para fomentar e estimular políticas de desenvolvimento e inclusão social em nível local, com iniciativas criativas de cooperação, autogestão e projetos de economia solidária. Em todos os programas e projetos, prioridade deve ser atribuída ao acesso às informações e ao fortalecimento dos movimentos sociais que potencializam a dinâmica de inclusão social.

A construção de núcleos e de redes de confiança mútua realiza-se mediante projetos de cooperação em nível local, enquanto a corrida competitiva inviabiliza as iniciativas conotadas pelos sociólogos como formação de capital social. Este é o resultado de uma nova mentalidade gerada em um processo contínuo de cooperação dos atores sociais, a começar pelas crianças nas escolas, na vida comunitária, nas empresas, sempre com o estímulo e o apoio de políticas públicas.

Somente uma sociedade solidária, fundamentada nos valores de cooperação, democracia participativa e justiça social, estará em condições de enfrentar e superar a chaga do desemprego.

Sobre Ética em tempos de barbárie

Incertezas e insegurança permeiam profundamente o nosso cotidiano e aumentam nossa angústia existencial. "Tudo que é sólido se desmancha no ar" e, perplexos e desnorteados diante das informações e interpretações contraditórias da mídia e da academia, os indivíduos se interrogam desesperadamente sobre os rumos da sociedade e de suas próprias vidas.

Encurralados cada vez mais no seu espaço vital – a violência do cotidiano, o meio ambiente arrasado e as oportunidades econômicas minguando – a vida no mundo de incertezas tornou-se um pesadelo carregado de absurdos, cuja razão ou sentido parece fugir de qualquer esforço de análise racional.

Desesperados com as falsas promessas de "desenvolvimento pelo progresso técnico" e constantemente desorientados pelos discursos mentirosos de chefes de governos, de políticos corruptos, a ganância voraz e insaciável do "mercado" e a maior parte da mídia cooptada e controlada pelas "elites", os jovens perplexos diante dos aparentemente inescrutáveis enigmas da vida, procuram escape no niilismo, nas drogas, na violência ou na autodestruição.

Como lutar contra essas tendências destrutivas e orientar para caminhos e valores que resgatem o sentido da vida, individual e coletivo?

Contra qualquer crença determinista, postulamos que toda nossa realidade é produto de uma construção social e, portanto, pode ser desconstruída e reconstruída.

Moral e Ética

Segundo o dicionário de filosofia, ética é a ciência que tem como objeto os juízos de valor que distinguem entre o bem e o mal. Historicamente, o senso comum trata moral e ética como sinônimos, mas, desde E. Kant, no século do Iluminismo, a ética é considerada superior à moral.

A moral é historicamente datada e suas normas e sanções mudam de acordo com as transformações da sociedade, sempre refletindo a visão do mundo e os interesses das elites. Basta recordar as manifestações dos senhores escravocratas, dos primeiros capitães da indústria e dos tecnocratas das grandes empresas, hoje, supostamente racionais e ideologicamente neutros, ao justificarem a pobreza e a desigualdade.

Enquanto a moral é particularista, profundamente vinculada e identificada com grupos religiosos, nacionalistas, étnicos, políticos ou classistas, a ética tem conteúdo universal e parte do princípio da igualdade dos seres humanos e de seus direitos inalienáveis à paz, ao bem-estar e à felicidade, individual e coletiva. Suas manifestações concretas são a cooperação e a solidariedade numa organização social pluralista e de democracia participativa.

A ética postula um código de conduta para a comunidade de indivíduos que exige um comportamento baseado em valores consentido e praticado em dimensões universais. O cerne da ética universal transcende a todos os outros sistemas de crenças e valores, como síntese da consciência humana, ciente da preciosidade de todas as formas de vida humana e dos direitos dos indivíduos à liberdade e felicidade.

A ética se refere a um devir, uma visão futura da humanidade que tem inspirado inúmeras gerações durante o processo histórico, cujos sujeitos "desejantes" e ativos criaram comunidades de cidadãos ativos, fontes de liberdade que transformaram a História. Essa ética não é ficção ou sonho, mas uma visão do futuro construída por meio de um discurso em que se confrontam os valores por seus impactos reais e prováveis na existência humana. Ela surge como um amálgama e a recriação de aspirações e valores cultuados em todos os tempos, levando a uma síntese imaginária à luz das experiências políticas e práticas acumuladas.

Segundo os filósofos da Antiguidade e os profetas bíblicos, a ética seria instituída pelo comportamento virtuoso, em conformidade com a natureza dos atores sociais e dos fins buscados por eles. Postularam que o ser humano seria, por natureza, um ser racional, cuja virtude se manifesta pela razão que comanda as paixões. Essa virtude seria o efeito da potencialidade da natureza humana desde que a razão comande as paixões e oriente a vontade, pois só o ignorante é violento, passional e vicioso.

Para reconstruir a "utopia", o comportamento ético exige a paz e o desarmamento, a contestação da dominação autoritária e a reivindicação do poder para construir uma nova realidade. Nesta, se cuidará da melhoria da qualidade de vida e da ampliação do horizonte social e cultural de todas as pessoas. Um indicador do nível ético da sociedade seria o grau de confiança das pessoas no futuro e nas possibilidades de realizar seu pleno potencial, contribuindo, ao mesmo tempo, para o bem-estar coletivo.

Tecnologia e Sociedade

*A palavra progresso não tem nenhum
sentido enquanto ainda existirem
crianças infelizes.*

Albert Einstein

O progresso técnico seria a resposta aos males de nossa sociedade? O presente texto procura contribuir para o debate sobre os prováveis impactos de inovações tecnológicas nos diferentes setores do complexo sistema social, econômico e político que caracterizam as sociedades contemporâneas.

Temos, por um lado, os defensores do aumento sem restrições da P&D (Pesquisa e Desenvolvimento), ou seja, das verbas orçamentárias e particulares atribuídas aos esforços de inovação tecnológica, sob forma de mais pesquisas, patentes, publicações científicas e suas aplicações no processo produtivo. Freqüentemente, pesquisadores e tecnólogos prometem mais do que podem efetivamente entregar, para obter mais financiamentos para suas atividades. Assim, solapam sua credibilidade junto à sociedade. Pois esta cedo ou tarde percebe os exageros nas promessas e a omissão dos riscos e problemas inerentes no desenvolvimento de certas tecnologias de ponta, como a engenharia genética, a energia nuclear e, mais recentemente, a nanotecnologia.

Por isso, diante das propostas, planos e projetos de política científica e tecnológica, devemos sempre indagar: Para quê? Para quem? A que custo?

Os positivistas afirmam que ciência e tecnologia servem a toda a humanidade – vide os trabalhos de Pasteur, Koch, Sabin e tantos outros que salvaram milhões de vidas. Afinal, o progresso técnico ajudaria a impelir o desenvolvimento da sociedade humana, vencendo a superstição e ignorância ao imprimir maior racionalidade às ações humanas. Existe um *lobby* poderoso que pressiona para obter mais verbas para a pesquisa e desenvolvimento tecnológico. Isso ocorre sobretudo nos países emergentes, cujas elites pregam a necessidade de alcançar os níveis de excelência dos países mais ricos.

Afirma-se que a inovação e, particularmente, seus produtos tecnológicos, estimulam a competitividade e, dessa forma, contribuem para o crescimento econômico do país. Conseqüentemente, a competitividade é erigida em valor supremo da vida social, como se fosse uma lei da natureza imanente à espécie humana.

Omite-se, propositalmente, que o mais longo período da história da vida humana foi orientado pela cooperação e a solidariedade, valores fundamentais para a sobrevivência da espécie. Considerar a competição como norma geral do comportamento social leva ao darwinismo social como filosofia dominante, e relega a preocupação com o próximo ao segundo plano. Não existiriam outras opções de estilo de vida que valessem a pena transmitir aos jovens e às crianças? O que acontece com os menos competitivos, os derrotados, os que ficaram para trás?

Competição e Produtividade

A ideologia da competição e produtividade faz parte de uma visão de mundo dominada pela corrida atrás da acumulação de capitais e do enriquecimento ilimitado, nem sempre por meios civilizados e legítimos. A realidade ensina que existem limites para o aumento da produtividade quando ela está baseada no aumento de um só fator, cujo crescimento exponencial leva o sistema a sofrer os efeitos da "lei de rendimentos decrescentes". Ademais, os arautos da luta competitiva nos mercados não se preocupam com o destino dado aos resultados do aumento da produtividade e de lucratividade dos negócios.

Para a sociedade, coletivamente, só haverá vantagens na busca de maior produtividade quando seus resultados forem distribuídos para elevar o nível de bem-estar coletivo. Isso pode ser atingido mediante a elevação proporcional dos salários, a redução dos preços de bens e serviços ou o aumento de investimentos dos lucros gerados na expansão do sistema produtivo. Contrariando tal lógica produtivista, os excedentes do processo produtivo na América Latina vêm sendo, historicamente, desviados para o consumo de luxo das elites, para o entesouramento sob forma de aquisição de terras e de moeda estrangeira ou, modernamente, do envio para paraísos fiscais e aplicações especulativas no mercado financeiro internacional.

Países potencialmente ricos em recursos naturais (Argentina, Brasil, Venezuela), com uma força de trabalho relativamente qualificada e com acesso a tecnologias modernas vêm, há décadas, padecendo com a miséria da maioria de suas populações. Enquanto isso suas elites – que vivem entre o fausto e o desperdício – recorrem aos serviços de advogados, do aparelho judiciário e de uma legislação falha ou omissa para evadir impostos e tributos.

Ao mesmo tempo, essas elites proclamam a ciência e a tecnologia como a mola do desenvolvimento e exigem mais verbas para P&D. Parecem ignorar que a maior parte desses recursos acaba canalizada para projetos militares de utilidade questionável, como, o desenvolvimento de armas de destruição em massa, exploração do espaço e o aperfeiçoamento de inúmeros artefatos para fins bélicos. Deixemos bem claro: não se discute aqui a necessidade de P&D nas sociedades contemporâneas, mas a condição de que esta seja ambientalmente segura, socialmente benéfica (para todos) e eticamente aceitável.

Desenvolvimento e Responsabilidades

A quem caberia então a responsabilidade de autorizar, orientar e estabelecer prioridades do desenvolvimento tecnológico, inclusive na alocação das verbas sempre escassas? O discurso oficial privilegia o papel do "mercado" (as grandes empresas industriais e de serviços), das agências e repartições burocráticas do governo, das universidades e de grupos corporativistas de cientistas e tecnólogos. A sociedade civil organizada – por meio de suas ONGs, associações e sindicatos – não é considerada interlocutora qualificada para participar nessas decisões.

São exatamente esses atores sociais que representam a maioria da sociedade que mais sofrerá os impactos econômicos, sociais e ambientais de decisões tomadas nas esferas executiva e legislativa dos regimes de democracia representativa. Isso ocorre sob as pressões de tecnocratas e de homens de negócios, supostamente mais informados e qualificados para decidir sobre assuntos de tamanha relevância.

A este respeito, vale recordar um episódio emblemático, ocorrido há mais de um quarto de século. No final da década de 1970, foi realizada uma Conferência das Nações Unidas sobre Ciência, Tecnologia e Desenvolvimento na cidade de Viena, Áustria, coordenada por um diplomata brasileiro. Os discursos e debates da conferência não ultrapassaram o trivial, mas, no mesmo período, houve um acontecimento inusitado que marcou época.

No auge da crise de petróleo, o governo austríaco tinha, com a anuência do parlamento, construído um reator nuclear a cerca de 27 quilômetros de distância da capital, a maior aglomeração urbana do país. Sua inauguração estava marcada para a ocasião da conferência. Meses antes, porém, a população começou a manifestar sua oposição à energia nuclear, assinalando os riscos da radioatividade. Em vão, o governo e seus representantes no parlamento e no *establishment* científico apontaram para a "irracionalidade" da oposição que conclamava por uma consulta popular em ampla escala sobre a conveniência da operação do reator.

O referendo realizado decidiu, com ampla maioria, contra a utilização dessa energia e assumiu o prejuízo, ou desperdício, dos mais de um bilhão de dólares empregados na construção. O reator nunca foi ativado e, até hoje, permanece lá como um monumento às decisões não-democráticas e irresponsáveis das autoridades. Apesar da perda do investimento, a sociedade austríaca encontrou outras fontes energéticas e se mantém na vanguarda dos países desenvolvidos, com altíssimo Índice de Desenvolvimento Humano.

Resumindo, ciência e tecnologia não são ética ou politicamente neutras. Cientistas e tecnólogos não podem despir-se de suas posições sociais e de seus valores. Em cada estágio da evolução social, as tecnologias utilizadas refletem as contradições e os conflitos entre o poder econômico e sua tendência à concentração de riquezas, poder e acesso à informação e as aspirações de participação democrática, autonomia cultural e autogestão.

Por isso, a sociedade civil tem o dever e o direito de exercer o controle sobre as inovações tecnológicas que não podem ficar a critério único de cientistas, tecnocratas, políticos e empresários. Impõe-se uma avaliação prospectiva, baseada no princípio da precaução e que contemple, além dos aspectos técnicos e financeiros, a necessidade inadiável de superar a situação de desigualdade e o processo de deterioração do meio ambiente.

Por uma sociedade solidária ou os limites da competitividade

Costuma-se destacar os aspectos aparentemente positivos e as vantagens hipotéticas da concorrência e da competitividade entre empresas e também entre nações. Não se pode negar que a concorrência nos mercados tenha exercido uma função central e fundamental na gênese e na expansão do sistema de produção capitalista. Ela contribuiu para a geração e acumulação de riquezas materiais. Também estimulou e fortaleceu as aspirações de seus principais atores sociais, os empreendedores, de exigir uma organização política mais democrática em oposição ao regime feudal ou absolutista, em determinado período da história do mundo ocidental.

Mas, ao se tornar objetivos exclusivos e excludentes, concorrência e competitividade produzem efeitos negativos. Enfraquecem as relações sociais e econômicas e ameaçam os ecossistemas do nosso planeta. Ao fazer a apologia da competitividade, os defensores da liberdade dos mercados e da concorrência irrestrita parecem ignorar a necessidade imperativa de cooperação e solidariedade. Estas garantem o equilíbrio e a sobrevivência da sociedade nos planos nacional e mundial.

Globalização e competição

A globalização das finanças, da indústria e das comunicações constitui um imenso desafio para a humanidade dividida em Estados-nações. Estes se mostram a cada dia menos capazes de enfrentar e resolver os intrincados problemas decorrentes da concorrência mundial. A concorrência entre as empresas e as economias nacionais tornaram-se um fim em si, uma ideologia "sagrada" que perverte todas as esferas da vida individual e coletiva. Como todas as ideologias, também a da competitividade expressa os interesses de quem a promulga, defende e dela se beneficia no contexto de uma determinada estrutura econômica e política.

Os conceitos de inovação tecnológica, produtividade e crescimento econômico constituem os elementos centrais dessa ideologia, que abstrai ou pretende ignorar seus custos sociais e ambientais. De uma instituição necessária para a modernização de estruturas produtivas obsoletas em certo momento histórico, a concorrência se transformou no maior obstáculo à democratização das relações sociais dentro e entre sociedades.

Em sua forma atual, a concorrência está na origem da desigualdade socioeconômica e da concentração da riqueza e do poder nas mãos de pequenos grupos ou organizações dificilmente controláveis pelos governos. A fim de competir na busca da lucratividade e de acumulação de capital, minimizam-se os valores da vida, dos direitos humanos e da preservação do meio ambiente.

A concorrência e sua materialização nos mercados impedem qualquer esforço de planejamento e de previsão do futuro, porque funcionam em curto prazo e visam à maximização da rentabilidade dos investimentos sem preocupação com o seu custo social. A própria lógica da concorrência e da busca da competitividade implicam que haja sempre os que ganham (uma minoria) e os perdedores (a maioria). O processo de exclusão dos que não conseguem competir é um elemento intrínseco da luta pela sobrevivência nos mercados que tende, inevitavelmente, para a marginalização e exclusão de contingentes crescentes da população.

Os padrões de comportamento do neoliberalismo econômico e de seu imperativo de competir nos mercados estimulam e reforçam o individualismo e o consumismo exacerbado. Tendem a desestruturar a vida coletiva na escola, na empresa, na família e na comunidade. Autojustifica-se como um darwinismo social e exige a submissão dos "fracos" à hierarquia do poder. Dominados por oligopólios que procuram eliminar os concorrentes, os mercados deixaram, há muito tempo, de assemelhar-se ao regime de concorrência "perfeita".

O mundo globalizado se parece cada vez mais com um imenso campo de batalha, sem preocupações éticas e sentimentos de compaixão, numa luta interminável por posições hegemônicas. Isso não impede que os defensores da ideologia da competitividade – os agentes publicitários das grandes empresas, os economistas, as escolas de administração e os líderes políticos – proclamem as supostas virtudes e vantagens da concorrência.

Chegam a advogar, em nome da competitividade, a "guerra fiscal" entre municípios e estados, e apelam ao governo federal para protegê-los da concorrência externa. Da mesma forma, exigem a reforma trabalhista, a precarização e flexibilização das relações de trabalho, a extensão legalizada do horário de trabalho e a redução de salários, a serem definidos pela "livre" negociação entre trabalhadores e empresas. As vítimas dessas políticas irracionais são tratadas com indiferença, taxadas de inempregáveis e merecedores, na melhor das hipóteses, de esmolas filantrópicas.

O TODO E AS PARTES

A teoria de sistemas ensina que "o todo é diferente da soma das partes". Se aplicarmos essa idéia à nossa discussão, inferiremos que a concorrência entre as empresas, geralmente oligopólios, não resulta em maior equilíbrio e racionalidade dos mercados. Ao contrário, a erosão dos mercados pelos movimentos especulativos e multibilionários das grandes corporações acaba minando e enfraquecendo o papel do Estado como promotor e defensor dos interesses públicos coletivos.

As contradições e os lances especulativos do capitalismo competitivo – vide as fusões, incorporações e aquisições de ativos bilionários – são projetados em escala global e resultam em graves crises financeiras, desemprego e segregação. Os conflitos étnicos e religiosos ampliam o fosso social no interior de cada nação e entre as nações. A exploração desavergonhada de trabalhadores e, sobretudo, do trabalho infantil é freqüentemente invocada como necessária para aumentar a competitividade. Entretanto, nosso mundo se tornou cada vez mais interdependente, o que exige um novo contrato social contra as tendências à marginalização e discriminação dos mais fracos.

Ao postularmos o papel de todos os homens como sujeitos e gestores de seus destinos, exigimos também o estabelecimento, mediante políticas públicas, de limites à concorrência e à competitividade. No estágio atual de desenvolvimento da humanidade, a concorrência e a competitividade sem limites levam em seu bojo padrões de comportamento irracionais e retrógrados como o nacionalismo xenófobo, a intolerância e o autoritarismo.

É por isso que propomos e defendemos o fortalecimento da democracia ancorada na conscientização e mobilização dos atores sociais na luta por um regime político capaz de equacionar e solucionar os problemas comuns a partir de um novo pacto social entre a sociedade e o Estado, caracterizado pelo pluralismo, a participação, a cooperação, a solidariedade e o respeito aos direitos humanos – enfim, um novo marco civilizatório.

Economia solidária. Por quê?

Vivemos o apogeu da expansão voraz do capitalismo dos oligopólios, dos conglomerados e da especulação financeira, cuja penetração subverte todas as relações político-culturais e contamina corações e mentes de jovens e adultos, homens e mulheres, trabalhadores e intelectuais e, sobretudo, dos homens de negócios. No contexto de uma era marcada pela marcha vitoriosa da economia de mercado, qual seria a relevância do discurso e da prática de uma economia solidária?

A resposta exige uma análise cuidadosa, baseada numa retrospectiva da evolução do sistema econômico e na distinção entre as aparências e a essência dos fenômenos sociais. A visão superficial (das aparências) nos mostra o crescimento espantoso das forças produtivas, expresso num valor do PMB (produto mundial bruto) superior a trinta trilhões de dólares, no início do século XXI. A afluência e o consumo (inclusive o desperdício) nos países mais ricos chegaram a níveis inéditos e as inovações tecnológicas – o famoso progresso técnico – seguem em ritmo e velocidade alucinantes, impulsionadas por dispêndios que chegam a quase um trilhão de dólares por ano em pesquisa e desenvolvimento (P&D).

No outro lado da moeda, contemplando a situação da maioria da humanidade, evidencia-se uma divisão ou polarização profunda, tanto entre quanto dentro das sociedades, com a expansão da miséria, da exploração desapiedada do trabalho, do obscurantismo típico do fundamentalismo religioso contemporâneo. Enfim, uma volta à Idade das Trevas. É à luz dessas tendências à polarização social, acompanhada por ameaças à liberdade e aos direitos humanos, que devemos analisar criticamente as alternativas presentes na dinâmica das relações econômicas e sociais.

Competição

A apologia irrestrita da competição é ideológica e não encontra fundamento na História. Ao contrário, é possível afirmar que a maior parte da evolução da espécie humana foi caracterizada por associações de cooperação comunitárias, tais como apresentam ainda hoje certas tribos indígenas do Brasil e de outros continentes. A vida comunitária foi desestruturada em conseqüência da revolução industrial no final do século XVIII. Esse fenômeno levou, como reação, à afirmação de idéias e práticas cooperativas, divulgadas por Proudhon e pelos chamados socialistas utópicos (Fourier, Saint Simon, Robert Owen, Michael Bakunin e Peter Kropotkin). E também, na segunda metade do século XIX, ao socialismo de Marx e Engels.

Inspirado nessas idéias e numa certa visão messiânica, surgiu no início do século XX o movimento kibutziano que fundou colônias agrícolas coletivistas na Terra Santa, naquela época sob a dominação do Império Otomano. Os fundadores e seus membros comprometeram-se a viver de acordo com os princípios de propriedade coletiva dos meios de produção, da participação de todos os membros da comunidade no planejamento e alocação de recursos (seja para o consumo ou para investimentos), mediante votação democrática em assembléias gerais.

A igualdade entre os gêneros e a recusa da exploração do trabalho assalariado eram regras. Apesar da escassez material e das condições ambientais adversas, os membros do *kibutz* desenvolveram uma intensa vida cultural e social que refletiu, além do idealismo, um novo estilo de vida e a fé no futuro da humanidade. O *kibutz* – "uma aventura na utopia" nas palavras do antropólogo norte-americano Melford Spiro –, fracassou sob as pressões da necessidade de construção da sociedade israelense, da absorção de milhões de imigrantes após a criação do Estado de Israel, em 1948, e da entrada maciça de capital estrangeiro, sobretudo norte-americano.

"Socialismo real"

A segunda metade do século XX viu também o fracasso do socialismo "real" da URSS, com suas fazendas agrícolas coletivistas (*Kolkhozes*) e estatizadas (*Sovkhozes*) e suas empresas industriais estatais que falharam por excesso de burocracia e falta de motivação dos trabalhadores. Com o desmoronamento da URSS, ruíram também as sociedades altamente centralizadas dos países satélites, com exceção de Cuba, China e Vietnam. Ao mesmo tempo, assistimos a expansão do capitalismo financeiro que acabou penetrando nas sociedades "socialistas".

Por que fracassaram essas tentativas de organizar a sociedade e suas economias segundo princípios mais justos e solidários?

Uma economia solidária exige, além do desenvolvimento de sua base material, um alto grau de conscientização e motivação por parte de sua população, movida por princípios éticos e valores de compaixão e solidariedade. Em oposição radical ao sistema de competição, a economia solidária não pode ser um produto do autoritarismo, de uma administração de uma só via, de cima para baixo, que torne a população em objeto passivo. Ela exige a participação de todos, para se tornarem cidadãos e, assim, sujeitos do processo histórico.

Propostas e utopias

Seria isso uma utopia, uma visão idealizada, ou trata-se de uma proposta e projeto de reorganização social e política? Foi em conseqüência da insustentabilidade e barbárie presentes no atual sistema de mercado que surgiram inúmeras experiências de reestruturação, inclusive no Brasil. Alguns exemplos: o orçamento participativo em Porto Alegre, emulado depois em outros municípios; a ANTEAG – Associação Nacional de Trabalhadores em Empresas Autogestionárias; cooperativas de produção e consumo, de crédito e de habitação, consórcios de PMEs (pequenas e médias empresas) e associações de municípios com interesses e problemas regionais comuns, como a gestão de bacias hidrográficas.

Em todas essas experiências, que hoje envolvem milhões de pessoas e valores monetários consideráveis, verificamos, em oposição ao desenvolvimento capitalista – que prioriza a competição, a acumulação e a busca de lucros sem limites –, uma forte ênfase na justiça social, na auto-realização e na proteção e conservação dos recursos do meio ambiente.

Ao rejeitar os axiomas deterministas do progresso técnico, de raça, religião ou cultura, afirmamos a centralidade das decisões humanas coletivas ("os homens fazem sua história") na reconstrução de nosso mundo que se inclina perigosamente para a barbárie. A experiência histórica e as tendências atuais da evolução social ensinam que os caminhos da economia e sociedade solidárias não seguem por trilhas de revolução ou golpes de Estado, mas crescem e se desenvolvem paralelamente, nas entranhas do próprio sistema capitalista que cada vez mais revela sua natureza desumana e irracional e, portanto, sua incompatibilidade com os destinos da humanidade.

Afinal, que tipo de sociedade queremos? Que estilo de vida almejamos para nós e nossos filhos? Em vez de estimular nossos filhos a competir, cumpre-nos a tarefa de ensinar e exemplificar as possibilidades de cooperação como opção de um estilo de vida alternativo. Escapamos assim da pressão avassaladora de padronização e homogeneização do comportamento e dos valores, tal como antecipado pelas visões pessimistas de autores como George Orwell e Aldous Huxley.

Se não formos nós os atores, quem serão? E, se não for agora, quando?

O duro caminho das pedras

Vários leitores têm reagido aos meus textos, criticando a visão, segundo eles, excessivamente pessimista de minhas análises e interpretações. Afinal, assim argumentam, a economia mundial e a brasileira estão crescendo, ciência e tecnologia estão avançando e o regime democrático estaria se fortalecendo, na América Latina e, também, na África. O otimismo desses leitores críticos parece parcial e de difícil sustentação, à luz da lógica e da dinâmica arrasadora do sistema de mercado capitalista.

Em julho de 2004, as Nações Unidas, por meio do PNUD, seu programa de desenvolvimento, divulgavam no Relatório de Desenvolvimento Humano daquele ano informações baseadas nas estatísticas do Banco Mundial e da UNESCO. Segundo esses dados, vivem no mundo mais de um bilhão de pessoas com menos de um dólar por dia, e quase metade da população mundial vive sem saneamento adequado. Mais de 800 milhões de pessoas adultas estão desempregadas ou subempregadas, desnutridas e analfabetas.

Contrariamente às expectativas e apesar de inúmeras conferências internacionais, a desigualdade aumentou nos últimos vinte anos, dentro e entre os países. O próprio Brasil, apesar de seus quase vinte anos de regime democrático, praticamente estagnou numa posição pouco favorável na lista dos quase 180 países, nos quais foram avaliados os indicadores de renda, educação e expectativa de vida. No plano internacional, o aumento da desigualdade acompanhou a concentração de renda, do poder e do acesso à informação. Comparando países ricos e pobres no período de 1960 a 2002, a renda *per capita* nos primeiros aumentou em mais de 180% (de US$ 11.500 para 27.000), enquanto nos países pobres a renda cresceu apenas 28%!

Produção e consumo

Enquanto a globalização uniformiza os padrões de produção e consumo, amplia a diferenciação intra e interpaíses. Como acinte à miséria em expansão, cresce constantemente o volume de recursos financeiros: quase US$ 2 trilhões por dia, que são transferidos por meios eletrônicos e alimentam a especulação e o empobrecimento das populações no mundo subdesenvolvido e nos países "emergentes".

O preço pago pelo suposto equilíbrio das finanças públicas, que reduziria o perigo da inflação e ajudaria a equacionar o problema da dívida externa, envolve, além da precarização dos empregos, a queda da massa salarial e o aumento ininterrupto do número de famílias que vivem abaixo da linha de pobreza. Segundo uma reportagem publicada pelo jornal *O Estado de S.Paulo* em 26 de setembro de 2004, sob o título "Alerta São Paulo", o número de indigentes teria crescido em 88% e o número de domicílios classificados como miseráveis em mais de 117%, nos últimos dez anos, na região metropolitana da Grande São Paulo. No Brasil, o número de favelados mais do que quadruplicou no mesmo período e o número de presos em penitenciárias dobrou, enquanto aumentou também o número de milionários no país.

O Estado, diante das forças do mercado onipresentes, perdeu sua capacidade de planejar, regular e orientar a alocação de recursos e, portanto, de equilibrar o mercado de trabalho e a distribuição de renda. O discurso eufórico sobre o "novo modelo de desenvolvimento" não consegue ocultar a falência da chamada "Terceira Via" e do que sobrou do Estado de Bem-estar Social, da legislação trabalhista e previdenciária e das tímidas melhoras nos sistemas de educação e saúde.

Cientistas sociais críticos, em número crescente, questionam as possibilidades de resolver os problemas derivados do desemprego e da desigualdade econômica, com as regras e procedimentos do atual regime democrático representativo. Diante do endividamento irracional, interno e externo, e a conseqüente irracionalidade da miséria social parece inviável sustentar padrões políticos que garantam justiça social, mantendo-se o regime de liberdade individual, cujo denominador mínimo é o direito básico ao trabalho. Até quando será possível para o governo defender a legitimidade do processo democrático, convencendo as camadas desfavorecidas e marginalizadas das vantagens e perspectivas da democracia e acenando com promessas de direitos de cidadania e de proteção social, no clima de crise crônica do sistema econômico?

QUESTÕES CRUCIAIS

Os problemas apontados acima levantam perguntas cruciais para a sociedade brasileira e, por extensão, para as latino-americanas. Seria possível realizar as transformações da estrutura social, redistribuindo renda e, ao mesmo tempo, respeitar as regras democráticas? Como realizar reformas significativas num país tão dependente de crédito e investimentos externos?

Os objetivos das políticas sociais não podem restringir-se à proteção de natureza filantrópica, mas devem visar a capacitação das pessoas a ganhar renda e, assim, *status* de cidadania. Isto vai exigir orientar os investimentos governamentais para a criação de empregos, inclusive nas áreas de educação, saúde e de outras políticas sociais. Crédito subsidiado e garantido constitui um instrumento importante, pois os pobres não possuem garantias reais e não podem contrair empréstimos, mesmo a juros baixos. Os problemas de insatisfação política e falta de confiança no governo tendem a crescer porque as pessoas se sentem politicamente manipuladas e revoltadas diante da sua impotência, o que coloca em pauta a necessidade de reformas políticas visando facilitar à população o controle sobre sua vida coletiva.

Revolução, reformas ou autogestão popular? Por que a democracia representativa não funciona mais?

Partidos e governos

A necessidade de recursos volumosos para custear a propaganda eleitoral e eleger-se vicia as eleições para cargos representativos e executivos a favor dos ricos e poderosos. Invariavelmente, constroem-se novas hierarquias e clãs com base regional e político-partidária. A mídia, com raras e honrosas exceções, está sendo aliciada a serviço das elites.

A própria tecnocracia do Estado procura perpetuar-se no poder mediante alianças com diferentes partidos ou grupos políticos. Como, então, fazer prevalecer a vontade popular para efetivamente fiscalizar a administração pública, eleger e, eventualmente, substituir administradores corruptos ou incompetentes? Como controlar e acompanhar sua gestão, responsabilizando-os pelos prejuízos? Os partidos políticos são agentes do poder constituído e disputam sua manutenção nas posições de mando, contra qualquer iniciativa de mudança. Como passar do nível micro para o macro, ou seja, definir as grandes diretrizes da política econômica?

A reforma política exige a institucionalização do poder de revogar mandatos, destituir dirigentes eleitos mediante referendos e dissolver uma Assembléia Legislativa mediante plebiscito. Por isso, as mudanças devem começar no plano local, via conselhos populares, reuniões em torno do orçamento participativo e movimentos de cidadania, até chegar à organização de um fórum de cidadania que anualmente se reúna para examinar e avaliar o desempenho do governo, em função do interesse público e à luz das promessas feitas em tempos de campanha eleitoral.

   Os governantes, independentemente dos partidos que estiverem no poder, preferem planejamento e controles centralizados no processo de tomada de decisões, em oposição a políticas de descentralização, autonomia e autogestão. Essas atitudes são justificadas pela crença de que decisões técnicas e jurídicas seriam suficientes para resolver os conflitos de interesses e valores em jogo. A burocracia desafia e nega a eficácia de decisões em políticas públicas por via de debates e votos em assembléias democráticas. Agrava essa resistência ao processo democrático a falta de compromisso de longo prazo dos servidores públicos devido à transitoriedade dos governos e à falta de credibilidade da maioria dos políticos.

   A emergência de organizações da sociedade civil como legítimo representante da população leva a pressões para obter, cada vez mais, voz e vez, mediante interpelações, críticas e propostas de alternativas para as questões que afetam o bem-estar e a segurança de todos, particularmente os mais carentes.

   Pode-se prever um longo período de dualidade de poder e de governança. De um lado, as instituições oficiais e sua burocracia civil e militar e, do outro, o poder popular representado pelos movimentos sociais, as organizações não-governamentais e outras formas de associação da sociedade civil. Essa tensão só será superada com a organização, mobilização e conscientização da população pelos meios de comunicação em massa e a democratização da Internet, os quais não dispensam reuniões, encontros e fóruns, tais como os protestos contra as reuniões do FMI, a OMC e o Banco Mundial em anos recentes.

   Haverá desvantagens em relação aos poderes da burocracia estabelecida, que dispõe de recursos financeiros e poder de repressão. Isso deixa claro que a conquista da sociedade pluralista e democrática não se dará num mar de rosas. Entretanto, os avanços e a vigência da democracia participativa colocarão em pauta a questão das relações entre o Estado e a sociedade civil.

O Estado moderno foi criado a partir do Renascimento, para superar as lutas intermináveis entre os senhores feudais que constituíam obstáculos ao desenvolvimento da produção, do comércio e da própria cidadania. A ascensão e expansão do poder estatal, sobretudo a partir da segunda metade do século XX e suas alianças com as elites do poder econômico-financeiro colocam a tarefa inadiável da desconstrução do Estado autoritário, mesmo quando o governo é exercido por partidos da "esquerda" e a construção da sociedade pluralista e democrática, mais igualitária e mais justa.

A social-democracia pressupõe o exercício da soberania pela população que delega poderes de execução, legislação e judiciais, com mandato revogável. A degeneração do Estado, tanto no Ocidente quanto no Oriente, transformou a população em massa de manobra incapaz de vigiar, avaliar e fiscalizar as políticas públicas.

No século passado, ainda se sonhava com a tomada de poder pela via revolucionária. Porém, os novos regimes tornaram-se ainda mais autoritários e menos democráticos. Embora haja dificuldades para introduzir mudanças constitucionais, parece indispensável atualizar a legislação com a realização de consultas populares, plebiscitos e referendos em todas as questões que afetam os destinos da população. Seriam instrumentos mais apropriados para conter as investidas de uma nova casta social – o clube dos ricos, consumidores conspícuos e de bens de luxo – que acumula e concentra as riquezas na onda da instabilidade das especulações financeiras da globalização.

COMPETIÇÃO E COOPERAÇÃO

Continuaremos por muito tempo na situação de ambigüidade entre competição e a necessidade de cooperação. O tão almejado desenvolvimento só poderá ocorrer quando conduzido por organizações e instituições solidárias, engajadas no desenvolvimento de novas forças produtivas que, sem rejeitar as pesquisas científicas e o desenvolvimento tecnológico, são comprometidas com o respeito à natureza, favorecem os valores de igualdade, justiça social e auto-realização e contribuem efetivamente para a inclusão social.

Seria possível o desenvolvimento de uma economia solidária, no contexto da economia de mercado capitalista? A resposta não é de natureza teórica. Efetivamente, existem hoje milhares de cooperativas, consórcios e outros tipos de associações de produção e comercialização que preconizam e praticam a melhor distribuição dos ganhos e a participação dos empregados nas decisões administrativas.

A introdução das novas tecnologias de flexibilização e descentralização da produção permite um desenvolvimento mais solidário por meio da cooperação consorciada de pequenas e médias empresas, em condições de subcontratação ou complementaridade, com base em articulações produtivas em nível local, regional e nacional. Nessa dualidade do sistema econômico, o papel do Estado e de seus órgãos de política pública econômica e financeira será decisivo. Enquanto perdurar a política monetária e financeira atual, que eleva as taxas de juros e restringe o acesso ao crédito, o desenvolvimento econômico, tanto de empresas capitalistas quanto das solidárias, encontrará obstáculos dificilmente superáveis.

As perspectivas de sairmos do atoleiro e ingressarmos numa era de "desenvolvimento como liberdade" (nas palavras de Amartya Sen), parecem muito distantes. Mas, lembrando a História, o que foi o mundo "civilizado" há duzentos e poucos anos, quando começou a ser sacudido pelas idéias de alguns visionários que proclamaram os direitos humanos, liberdade e igualdade?

Obras publicadas do autor

Mercosul e Alca. EDUSP: São Paulo, 2002.

Brasil no Limiar do Século XXI. EDUSP: São Paulo, 2000 (org.)

Liderança para uma sociedade sustentável. Editora Nobel: São Paulo, 1999

Impactos ambientais: mineração e metalurgia (CETEM/CNPq). Rio, 1993 (org.)

Política industrial – projeto social. Brasiliense: São Paulo, 1988

Microeletronic technologies and their impact on employment, work process and industrial relations, Institute of Developing Economies, Tóquio, Japão, 1987

Impactos da automação. Nobel: São Paulo, 1987

Pequena e média empresa: o comportamento empresarial na luta pela sobrevivência. 2 vol. Brasiliense: São Paulo, 1985 (org.)

Informática e Sociedade. Brasiliense: São Paulo, 1985

Política e gestão tecnológica. Bluecher: São Paulo, 1984 (org.)

Tecnologia e Sociedade. Brasiliense: São Paulo, 1980

Estudos do Futuro... Editora FGV: Rio, 1978

Impresso nas oficinas da Gráfica Palas Athena
www.palasathena.org   grafica@palasathena.org